HISTOIRE
MILITAIRE ET ANECDOTIQUE
DU
COUP D'ÉTAT (1851)

PARIS. — IMP. ADRIEN LE CLERE, RUE CASSETTE, 29.

HISTOIRE
MILITAIRE ET ANECDOTIQUE

DU

COUP D'ÉTAT (1851)

AVEC DOCUMENTS INÉDITS ET LETTRES DES PRINCIPAUX
PERSONNAGES.

> Rien n'est beau que le vrai.
> Le vrai seul est aimable.
> (BOILEAU.)

PARIS

E. DENTU, LIBRAIRE-ÉDITEUR

PALAIS-ROYAL

17, 19, GALERIE D'ORLÉANS, 17, 19.

—

1872

AVANT-PROPOS

Ce livre a été écrit :

1° Au moyen de documents authentiques, dont les plus importants et les plus intéressants ont trouvé place dans l'ouvrage ;

2° Au moyen de notes prises sur l'heure par des témoins oculaires et par des personnes ayant joué un rôle dans le drame du 2 décembre.

Il est vrai dans son ensemble comme dans ses détails.

Il a été fait pour fournir une page à notre histoire contemporaine, sans parti pris de louer ou de blâmer.

15 février 1872.

LIVRE PREMIER

AVANT LE 2 DÉCEMBRE

Pourquoi la France porta son choix sur le prince Louis-Napoléon Bonaparte pour l'élever à la présidence. — Jeu de ce dernier. — M. Thiers. — Le prince Jérôme ex-roi de Westphalie. — Le prince Napoléon son fils. — Jugement porté dans le monde à cette époque sur le président. — Les divers partis politiques. — Anecdotes indiquant les vues du prince Louis. — Prévisions d'un coup d'État. - Maison militaire du président. — Le général Roguet. — MM. Fleury, de Toulongeon et de Meneval. — Recherche par Fleury de l'homme nécessaire au coup d'État. — Les généraux Bosquet et de Saint-Arnaud. — Fleury à Constantine. — Finesse de Saint-Arnaud. — Difficultés à vaincre pour amener ce dernier au ministère de la guerre, sans donner l'éveil. — Moyens employés. — Campagne de la petite Kabylie. — Le général Magnan. — Le colonel Espinasse agent secondaire. — Discours de Saint-Arnaud au punch qui lui est donné avant son départ de Constantine. — Les généraux commandant les trois divisions de l'armée de Paris. — Carrelet. — Guillabert. — Levasseur. — Saint-Arnaud remplace Guillabert. — La question maladroite des questeurs. — Son effet sur l'esprit de l'armée. — Composition de cette armée à Paris. — Un mot sur les généraux qui commandent les troupes. — Anecdotes. — MM. de Morny et de Maupas. Les sociétés secrètes. — Lettre du général Magnan pour faire disparaître des casernes la consigne relative aux questeurs. — Lettre du général de Cotte. — Zèle intempestif de cet officier. — Saint-Arnaud et Espinasse deux jours avant le coup d'État. — Reconnaissance du Palais-Bourbon par le colonel. — La garde nationale, le marquis de Lawœstine, le colonel Vieyra. — Anecdotes.

Il est hors de doute aujourd'hui, pour tout homme intelligent, ayant vécu sous le gouvernement de Juillet, ayant été témoin de la révolution du 24 février 1848 et de la nomination du prince Louis-Napoléon Bonaparte à la présidence de la république, que ce dernier, en acceptant d'être placé à la tête de l'État, avait l'intention bien arrêtée de relever un jour à son profit, et dès qu'il en trouverait l'occasion, le trône de son oncle Napoléon Ier.

Ajoutons que si la France, alors sur la pente démagogique, se sentant glisser dans l'abîme, porta son choix sur le neveu de l'homme le plus autocratique qui ait gouverné la France, c'est précisément parce que le pays, avide en 1848 d'un pouvoir énergique comme il avait été avide de liberté en 1830, cherchait une main de fer pour dompter la démocratie. La France espérait trouver dans le neveu les tendances et l'inflexibilité de l'oncle.

Cachant ses vues ultérieures, le prince Louis simulait aux yeux de ceux qui auraient pu entraver ses projets, une pauvreté d'esprit bien loin alors de la réalité. Il agit comme Sixte-Quint avant son avénement au trône pontifical, bien décidé, comme le pontife romain, à jeter au loin ses béquilles, dès qu'il le pourrait.

Cette feinte inaptitude à toute chose, cette rareté de parole que l'on remarquait chez le prince Louis, cet embarras factice trompa plus d'un ambitieux et produisit sur certains d'entre eux un effet favorable à l'élection présidentielle.

Beaucoup se dirent qu'avec Cavaignac ils ne pourraient aborder le pouvoir ou s'y maintenir, tandis qu'avec un homme de peu de valeur, connu par ses excentricités, par les coups de tête de Strasbourg et de Boulogne, il leur serait facile de se faire accepter et de tenir ensuite le timon des affaires.

Très-lié à cette époque avec le dernier des frères de Napoléon Ier, Jérôme, au retour duquel il avait puissamment contribué ; très-lié également avec les enfants de l'ancien roi de Westphalie, le prince Napoléon et la princesse Mathilde, M. Thiers, habitué des salons de cette famille depuis son retour en France, pressa le vieux souverain de se mettre sur les rangs pour la présidence. Jérôme, homme léger, mais plein de sens, repoussa les avances de l'ex-ministre de Louis-Philippe. Il objecta avec raison qu'il ne pouvait, lui ancien roi, se laisser placer à la tête d'une république, sans que chacun ne fût convaincu qu'il avait désiré la présidence pour reconstituer l'empire.

Jérôme, en dessous, et malgré les idées démagogiques de son fils, espérait bien que son neveu arriverait un jour au trône impérial. Il serait alors le premier personnage du nouvel empire ; la fortune et le bien-être succéderaient pour lui à la gêne et à l'exil, sans qu'il eût la responsabilité du pouvoir. Et puis, le prince Louis devenu empereur, la dynastie impériale était rétablie dans son hérédité légitime, tandis que lui, Jérôme, sur le trône, rien n'était fondé ; on revenait de nouveau à ces dernières mesures dynastiques appelées *quasi-légitimités*, si fatales à la France et aux familles souveraines.

Jérôme refusa donc d'entrer dans les vues de M. Thiers. L'historien du Consulat et de l'Empire, devenu un des hommes d'État du gouvernement de Juillet, d'accord en cela avec un publiciste célèbre dévoré d'ambition comme lui, se décida à favoriser l'élection du prince Louis. Ils ne doutaient pas alors que, le jour même de sa prise de possession des rênes de l'État, le fils de la reine Hortense ne fût trop heureux de leur confier à l'un et à l'autre un portefeuille, se débarrassant en leur faveur du lourd fardeau des affaires.

On sait s'ils furent trompés dans leur attente. *Inde iræ*. Le soir de la formation du ministère du président, l'habile journaliste qui avait fait une si rude et si effective opposition à l'élection du général Cavaignac, se voyant frustré dans ses espérances, dit plaisamment, stoïquement et nettement à une des princesses de la famille impériale : « Le président n'a plus qu'à trouver le moyen de se *débarrasser* de moi, car je n'ai plus qu'à chercher à le renverser, et je ne m'en ferai pas faute. » Il a tenu parole.

Mais revenons au prince Louis. Son mutisme, causé peut-être un peu à cette époque par un accent germanique très-prononcé, assez désagréable à des oreilles françaises et dont il sut se débarrasser au bout de quelques années, une apparente somnolence, son œil terne, qui l'avaient fait comparer dans les salons du faubourg Saint-Germain à un perroquet malade, tout contribuait à faire passer dans le principe le nouveau chef de l'État pour un homme faible et incapable de gouverner un pays comme la France. Cette opinion était très-favorable aux projets du prince, mais il ne put conserver longtemps ce rôle utile. Sous la serre parfois habilement inoffensive du perroquet indifférent, les ennemis de la dynastie de Napoléon Ier ne tardèrent pas à sentir les ongles acérés et le bec de fer de l'oiseau impérial.

Alors ceux qui, en travaillant pour le fils du roi Louis, n'avaient prétendu travailler que pour eux, commencèrent à ouvrir les yeux et à déserter l'Élysée.

Les amis des d'Orléans avaient obtenu le retour en France des Jérôme, la cessation pour eux de la loi d'exil. Ils avaient compté naturellement sur la reconnaissance des Bonaparte. Ils espéraient voir le président agir en faveur de la branche cadette des Bourbons. Les légitimistes, toujours à la recherche du Monk qu'ils ne peuvent parvenir à rencontrer, s'étaient imaginés, en voyant les attentions du président, ses délicatesses de bonne compagnie, ses avances même aux grandes familles de la France, que c'était là leur homme.

Mais lorsqu'il fut bien avéré que le prince Louis travaillait pour lui seul et pour poser sur sa tête l'antique couronne de Charlemagne et de Louis XIV, ou plutôt celle de Napoléon Ier, orléanistes et légitimistes des classes élevées abandonnèrent sa cause.

Les gens désireux de voir quelque chose de stable s'établir en France, les habitants des campagnes où le nom du grand homme est encore si populaire, les vieux débris des armées du premier empire, les fils des soldats d'Austerlitz, d'Iéna et des héroïques vaincus de Waterloo, tout ce qui était employé par le gouvernement de la présidence, enfin l'armée qui n'admet que le principe autoritaire, restaient acquis à la cause du prince Louis. Pour lui, à ce moment, c'était l'essentiel.

Pendant ses séjours auprès de la reine Hortense, au château d'Arenemberg, en Suisse, le fils de la reine de Hollande voyait souvent une voisine de campagne de la nièce de laquelle, admirable jeune fille, il était même fort épris. — Un jour, disait-il souvent à ces dames, un jour, je serai sur le trône de France. On riait, on plaisantait, il riait aussi bien volontiers, mais ce qu'il disait était pour lui chose sérieuse.

Un des premiers et des plus honorables ministres du président répétait sans trop s'en cacher à plusieurs de nos amis et à nous-même, dès les premiers jours de l'élection : — Soyez-bien tranquilles, nous n'en resterons pas là.

Mais je ne sais pourquoi nous chercherions

à donner des preuves d'un fait que personne ne saurait contester.

Dans les derniers mois de 1851, un coup d'État prochain ne faisait plus doute. Les légitimistes ne le repoussaient pas, tant ils craignaient le retour aux *glorieuses* journées de février et de juin 1848, eux qui possédaient.

Les orléanistes, ayant un grand parti à l'Assemblée constituante et sentant bien que, si le prince réussissait, c'en était fait d'eux et des leurs, n'en voulaient à aucun prix.

Le parti républicain dans la chambre était alors fort peu nombreux et impuissant. Les paysans dans les campagnes, les classes travailleuses dans les villes, soupirant après la stabilité, désiraient un pouvoir fort. Enfin, l'armée voulait avant tout pour elle un prince, un chef militaire, auquel elle pût obéir, au lieu d'être aux ordres d'une assemblée d'avocats.

Nous reviendrons sur ce point à propos de la proposition Baze.

En 1851, le prince président de la république avait auprès de sa personne une fort modeste maison militaire, composée d'un premier aide de camp, le général de brigade comte Roguet, et de trois officiers d'ordonnance le commandant du 3ᵉ de spahis Fleury, le capitaine d'état-major marquis de Toulongeon, et le capitaine d'artillerie de Meneval. Le premier et les derniers de ces officiers, attachés à la personne du prince, étaient peu en état de le seconder dans ses projets ambitieux; mais le second, devenu par la suite général de division, grand écuyer, sénateur, ambassadeur, etc., était un homme fort brave, entreprenant, dévoué, determiné, et qui, déjà connu dans l'armée, principalement dans celle d'Afrique, y était généralement aimé. Le commandant Fleury possédait toutes les qualités nécessaires pour remplir le rôle que le prince lui avait réservé du moment où il l'avait connu. D'ailleurs, M. Fleury, un peu sur le pavé de Paris et au bout de ses pièces, comme on dit vulgairement, au moment de l'élection présidentielle, était le premier qui avait offert ses services au prince Louis, alors que le prince n'était encore que simple représentant du peuple. Ou bien notre spahi était doué de la seconde vue, ou il s'était fait ce raisonnement : il faut bien un peu risquer pour avoir beaucoup. Somme toute, dans sa position il n'avait pas grand'chose à perdre et il avait tout à gagner en s'attachant à la fortune du prince. Le calcul s'est trouvé juste. Fleury avait entraîné et fait admettre auprès du candidat à la présidence le capitaine d'état-major marquis de Toulongeon, aide de camp du général Sauboul. Le nom de Meneval l'avait fait choisir. Quant au général Roguet, fils du général du *génie*, mais non de *génie*, du premier empire, sollicité pour accepter les fonctions de premier aide de camp du prince Louis, il avait hésité quelque temps. Beaucoup d'autres officiers généraux, avant lui, avaient refusé cette position, depuis si enviée de tous.

Quoi qu'il en soit, le commandant Fleury était le fidèle du prince, la cheville ouvrière du coup d'État futur, celui dans lequel le fils du roi Louis avait, avec raison, mis sa confiance. Il ne devait pas la démentir. Fleury était d'ailleurs apte à remplir les missions les plus ardues. Le président le chargea de trouver l'homme du coup d'État.

Fleury crut avoir mis la main sur celui qui

pouvait le mieux s'acquitter de cette rude tâche, le général Bosquet, simple général de brigade en 1851, commandant la subdivision de Sétif, dans la province de Constantine. Bosquet était jeune, très-jeune alors ; il semblait énergique ; ses opinions politiques laissaient sa conscience fort à l'aise, et, par-dessus tout, son ambition était grande. Les troupes d'Afrique l'aimaient pour sa bravoure et l'estimaient pour ses belles qualités militaires.

Fleury fit facilement accepter son candidat par le président et reçut l'ordre de se rendre en Algérie, sous prétexte de voir son régiment, le 3ᵉ de spahis, alors à Constantine ; mais, de fait, pour aller tâter le général Bosquet.

Il débarqua au mois de mai 1851, gagna Constantine et fut descendre au palais du Dey, chez le général de Saint-Arnaud, alors aussi simple général de brigade du 3 novembre 1847, et néanmoins commandant la province. Bosquet était général du 17 août 1848 et sous ses ordres.

Nous ne ferons pas la biographie du futur maréchal de Saint-Arnaud, un des militaires les plus connus de notre génération, homme aimable et plein de finesse, officier des plus braves et des plus gaiement spirituels, un peu pillard peut-être, mais pillard pour les autres plus que pour lui, aimant le luxe pour en faire jouir ceux qui l'approcheraient, grand seigneur par excellence, bon, généreux, affable, ayant toujours la main ouverte aussi bien que la bourse.

Fleury connaissait de longue date Saint-Arnaud, et réciproquement. Ils s'étaient trouvés ensemble dans plusieurs expéditions. Leurs caractères avaient beaucoup d'affinités, et il est assez singulier même que Fleury n'ait pas songé à Saint-Arnaud avant de songer à Bosquet.

Quoi qu'il en soit, le général de Saint-Arnaud, fort rusé de sa nature, ayant fait sans doute parler Fleury ou ayant deviné l'objet de sa mission, fit comprendre un beau matin à l'envoyé du président qu'il était bien inutile de pousser jusqu'à Sétif, lorsqu'il se trouvait à Constantine un homme dévoué, tout aussi disposé que pourrait l'être Bosquet, à se mettre à l'entière disposition du prince et prêt à sauver la France.

Fleury ne vit pas Bosquet, n'alla pas jusqu'à Sétif, et Saint-Arnaud fut dès ce moment choisi pour être l'homme de la situation, la tête du coup d'État. Restait à trouver le bras. Il fallait aussi imaginer un moyen plausible, un prétexte, pour élever rapidement le général de brigade de Constantine, tout en sauvant les apparences. Il ne fallait pas rompre en visière avec l'opinion publique, car avant tout il était fort nécessaire de ne pas découvrir le pot aux roses.

Nous allons voir comment le prince président, le commandant Fleury aidant, surmonta ces graves difficultés.

Le général Baraguey d'Hilliers, esprit quinteux, difficile, sur lequel on ne pouvait compter prendre un ascendant assez positif et qui, à un moment donné, était fort capable de faire échouer les plus belles conbinaisons, commandait l'armée de Paris. Il fut remercié comme l'avait été Changarnier et remplacé par le général Magnan.

Un mot sur celui-ci.

Magnan, grand et bel homme, d'un aspect imposant, ayant débuté en Espagne sous le premier empire comme simple soldat, fils d'un homme d'une classe fort infime, s'était élevé par ses services et avait été gravement compromis, devant la cour des pairs, dans un des procès politiques du prince Louis. Il avait accepté, dit-on, une somme assez considérable de Louis-Napoléon pour prêter son concours à une conspiration; puis, effrayé de la responsabilité qui pouvait lui incomber, il avait renoncé au rôle qu'on voulait lui faire jouer et renvoyé l'argent. On assure qu'en sortant du Luxembourg, le prince, qui avait tu sa participation, lui avait dit en lui serrant la main : — Général, vous devez être content de moi.

Magnan, divisionnaire de 1845, chargé de famille, ayant toujours la bourse assez plate, était ce qu'on est convenu d'appeler un *besogneux*. Il avait de l'habileté comme officier général, de la fermeté sur le terrain. Il était façonné à la guerre et possédait la vigueur et l'habitude du commandement indispensable en certaines circonstances. Tout le désignait donc au choix du président, à la cause duquel il se montrait fort dévoué dans les salons de l'Élysée, dont il était un des familiers les plus assidus.

On avait la tête dans Saint-Arnaud, le bras principal en Magnan; il ne fallait plus trouver que les agents secondaires. On ne s'en occupa pas sur l'heure.

Voyons maintenant comment on s'y prit pour élever rapidement le commandant de la province de Constantine.

M. Leroy de Saint-Arnaud, encore assez jeune en 1851, n'était général de brigade que depuis novembre 1847, et le 53e seulement par numéro d'ancienneté, sur l'annuaire. Le nommer, sans motif apparent, général de division, en le faisant passer avant les cinquante-deux généraux qui le précédaient, n'était pas une grande affaire sans doute, mais cela indiquait trop les vues qu'on pouvait avoir sur lui. D'ailleurs, il ne s'agissait pas seulement de faire du général un divisionnaire, il fallait lui trouver un commandement à Paris, et ensuite une sorte de raison à peu près plausible pour lui donner le portefeuille de la guerre. Remercier l'inoffensif général Randon, lui reprendre son ministère, n'avait rien de difficile, mais motiver une faveur si excessive et si inattendue pour M. de Saint-Arnaud, voilà en quoi consistait la difficulté du problème à résoudre.

Il était indispensable d'élever Saint-Arnaud sur un pavois, de faire passer ce simple général de brigade à l'état de foudre de guerre, et comme, pour faire la guerre, il faut des ennemis, on résolut de réveiller, de chatouiller les Kabyles de la province de Constantine, de faire grand bruit de la révolte des tribus du Nord, du côté de la mer, et de donner tout naturellement le commandement d'une forte colonne expéditionnaire au chef de la province. Ce commandement lui revenait, ou du moins semblait naturellement lui revenir de droit.

Ainsi fut-il résolu, ainsi fut-il fait. Fleury combina admirablement son plan. Les Kabyles furent atteints et convaincus d'agitation. On les accusa de céder aux instigations, aux prédications de Marabouts fanatiques; on leur fit savoir qu'ils étaient en pleine révolte, qu'ils devaient être châtiés de leur témérité; puis, comme dans la fable *du Loup et l'Agneau*, le loup, sous la forme d'une colonne de dix ou douze mille bons soldats toujours disposés à la bataille et commandés par le futur maréchal de France, se jeta sur l'agneau, pauvres tribus kabyles assez étonnées, mais prêtes à faire parler la poudre.

Afin de bien faire comprendre à la nation française de quelle gloire se couvrait le général de Saint-Arnaud, de pompeux bulletins de victoires furent rédigés à l'avance. L'un des officiers d'état-major du ministre Randon fut chargé de suivre les mouvements du corps expéditionnaire.

Cet officier, alors chef d'escadron, devenu général et aide de camp de l'empereur, après avoir été aide de camp de Saint-Arnaud, est un des hommes les plus spirituels, les plus fins du corps d'état-major. Il a la plume facile, élégante et diplomatique. Avait-il, ce qui est probable, reçu la mission de trouver tout bien et de faire des rapports enthousiastes? ou bien, de lui-même, devina-t-il le rôle qu'on voulait lui faire jouer ? c'est ce que nous ne saurions dire. Toujours est-il que lesdits rapports, adressés par lui au ministère de la guerre à Paris pendant l'expédition, sont splendides, et qu'après une promenade (bien conduite du reste) par le général de Saint-Arnaud, promenade où surgit un autre grand homme, dont on avait également besoin, le colonel Espinasse, les troupes rentrèrent à Constantine couvertes de la poussière kabyle et de lauriers. Des récompenses en grand nombre furent envoyées de Paris, et la troisième étoile tomba d'aplomb sur les épaulettes du général.

Le 10 juillet 1851, M. de Saint-Arnaud était promu divisionnaire. Quatre jours plus tard, le 14 juillet, M. Espinasse, lieutenant-colonel au 20ᵉ de ligne, quoique ayant à peine deux ans de grade, était nommé colonel et placé à la tête du 42ᵉ de ligne, régiment *alors à Paris*.

Le général de Saint-Arnaud, en effet, avait désigné M. Espinasse comme l'homme le plus apte à seconder ses vues et à mettre sans nul scrupule la main sur l'Assemblée constituante.

Tout s'était bien passé. Cependant, quelque chose des projets du président sur Saint-Arnaud avait-il transpiré? la future maréchale s'était-elle laissée aller à parler et à divulguer quelques bribes du secret? La chose ne serait pas tout à fait impossible, car à cette époque une amie de Mme de Saint-Arnaud écrivait de Constantine : « Le général est adoré de ses soldats, et tout le monde s'accorde à dire qu'il a mené son affaire avec une rare habileté. Les Arabes en sont confondus et le portent très-haut dans leur estime. Il n'y a pas jusqu'au colon qui ne redoute de le voir partir, car il est aimé de tout le monde et il travaille énormément.... On est en ce moment (22 juin) en marche sur Collo. La colonne ne rentrera que vers le 10 juillet. Le général pense avoir fini une fois pour toutes avec cette partie de la Kabylie que, je ne sais pourquoi, on s'entête à appeler *petite*. On fait confusion, il n'y a qu'une Kabylie. On dit le général Randon gouverneur ; on en serait content. Il paraît qu'il connaît bien le pays.

« *On parle toujours d'enlever M. de Saint-Arnaud pour l'armée de Paris ;* pour moi, je crois qu'il vaut mieux à ce pays, et aussi que ce pays lui vaudrait mieux. Il espérait aussi le gouvernement. C'était un peu prématuré, mais cela lui viendra. On pense que le bateau du 28 va nous apporter bien des récompenses, etc. »

Il était donc question déjà de faire venir Saint-Arnaud à Paris et de déplacer Randon.

Le rusé général eut-il vent des propos que les derniers événements faisaient tenir, des inductions qu'on en tirait? la chose est probable.

En effet, la garnison de Constantine ayant donné au vainqueur un grand punch sur la place devant le palais, le futur maréchal crut devoir déclarer publiquement *coram populo*, que jamais il ne serait autre chose qu'un soldat *et ne mettrait son épée au service d'un parti quel qu'il fût*.

Personne ne lui demandait cette profession de foi. On en fut étonné. Pour la masse inintelligente, elle était la pensée d'un cœur droit et généreux, repoussant des propos inconsidérés et affirmant une conduite franche et loyale. Pour le plus petit nombre, connaissant le caractère plein de finesse du général, cette déclaration donnait à entendre. De fait, le but à atteindre était, comme on dit en terme de vénerie, *de rompre les chiens*.

Trois personnages, pendant toute l'expédition de la petite Kabylie, avaient joué un rôle qui eût été des plus divertissants pour un observateur connaissant la pensée de chacun d'eux.

Saint-Arnaud s'était attaché à faire preuve d'audace, d'activité, de talent. Excité par le prisme de sa prochaine fortune, et voulant se montrer supérieur sous tous les rapports au général Bosquet qu'il avait supplanté habilement, il s'était efforcé de trouver mauvais tout ce que faisait son rival. Il le critiquait sans cesse, surtout devant Fleury, comme pour lui dire : — Voyez-vous que j'ai une autre valeur que Bosquet? Comprenez-vous que je suis un autre homme, un autre général? Quelle bonne chance vous avez de me trouver sur votre route !

Bosquet, de son côté, soit qu'il se fût douté de quelque chose, soit qu'il aimât fort peu Saint-Arnaud, ne se faisait nullement faute de déblatérer contre son général en chef et contre ses opérations.

Fleury, qui avait suivi l'expédition au quartier général, observait les deux rivaux et cherchait toutes les occasions de mettre en relief sa bravoure. Un jour il faillit être enlevé par les Arabes. Que fût devenu le coup d'État?

Saint-Arnaud, qui voulait être aidé dans sa tâche par Espinasse, cherchait par tous les moyens à mettre en relief ce dernier, afin de lui procurer un avancement qui entrait dans la combinaison politique.

Enfin l'officier supérieur, détaché de l'état-major du ministre, s'ingéniait à vanter les hauts faits de Saint-Arnaud, de Fleury, etc.

Une fois le commandant de la province de Constantine promu général de division, une fois ses louanges chantées en Algérie et en France par les journaux officiels et officieux, une fois l'élève du maréchal Bugeaud donné au pays comme un homme hors ligne (et c'était du reste la vérité), il n'y avait plus qu'à l'amener tout simplement sur le pavé de Paris. On ne pouvait songer à lui donner *ex abrupto* le portefeuille de la guerre, il fallait agir avec adresse et lui faire suivre une sorte de gradation avant de le porter au pinacle des grandeurs. On voulut d'abord lui donner une des divisions actives de l'armée de Paris ; cela pouvait paraître une juste récompense de ses succès, mais il n'y avait aucune vacance. On résolut de passer outre et de déplacer sans éclat un des trois divisionnaires du général Magnan. Ces trois commandants des divisions d'infanterie étaient alors les généraux Carrelet, Guillabert et Levasseur.

Le général Carrelet était un homme dévoué au président, fort énergique, marchant bien d'accord avec le général Magnan. Il avait en outre dans ses attributions la première division militaire territoriale, et dans les mains la police de la place de Paris. On ne pouvait songer à se priver de ses services.

Le général Levasseur, le plus brave soldat du monde, un peu naïf et d'autant plus facile à enthousiasmer, était en outre plein de dévouement au parti militaire représenté par le chef de l'État. C'était un homme bon à garder dans la circonstance où l'on se trouvait.

Restait le général Guillabert, dont le quartier général se trouvait à l'École militaire. Rien ne militant en faveur de cet officier général, brave homme sans grande portée, il fut la victime vouée au sacrifice.

Un beau matin, absolument comme un préfet remercié, parcourant en tremblant le *Journal Officiel*, Guillabert reçut l'avis qu'il était remplacé dans son commandement par le général de Saint-Arnaud. Grand fut son mécompte. Il essaya de réclamer, sa voix se perdit sous les voûtes sombres de l'hôtel de la rue Saint-Dominique.

En août 1851, l'heureux Saint-Arnaud s'installa pour quelques semaines dans les appartements de l'École militaire. Deux mois plus tard, le 26 octobre, il succédait à César Randon, auquel le président donnait le gouvernement de l'Algérie pour fiche de consolation.

Le moment décisif approchait. On sentait qu'il y avait du coup d'État dans l'air, les partisans de l'Élysée repoussaient ouvertement toute idée de ce genre et en dessous travaillaient à y entraîner le prince Louis, qui n'y était que trop disposé, mais feignait de ne pas s'en soucier. En attendant les cartes se bisotaient dans l'ombre pour jouer la partie décisive. L'Assemblée vint niaisement jeter les atouts dans le jeu de son adversaire par la proposition Baze, adoptée par la Constituante et qui mettait les troupes aux ordres des questeurs de la Chambre.

C'était une maladresse à nulle autre pareille. En agissant ainsi, l'Assemblée était sûre de s'aliéner l'esprit des soldats, qui dans l'armée auraient voulu tenir encore pour elle.

A ce sujet une anecdote dont nous garantissons l'authenticité.

Le jour de la proposition Baze, un des questeurs rencontre un de ses meilleurs amis, officier dans l'armée de Paris. « Eh bien ! lui dit-il, si je te donne un ordre, maintenant que me répondras-tu ?—Pardieu ! répond l'officier, homme de beaucoup d'esprit et d'à-propos, je te répondrai : Pour que je t'obéisse, va d'abord prendre *ta pelure* (ton uniforme). »

Il fallait bien peu connaître l'esprit de l'armée pour croire qu'elle obéirait avec plaisir à l'homme *sans pelure*, celui qu'elle appelle le *pékin*.

Jetons maintenant un coup d'œil sur les

principaux chefs de l'armée à Paris ou aux environs à la fin de 1851, armée destinée à appuyer au besoin par la force le coup d'Etat du président.

Elle se composait :

1° De trois divisions d'infanterie, dont la moitié occupait les casernes de la ville et l'autre moitié les forts détachés; 2° d'une brigade mixte de troupes spéciales à la capitale ; 3° d'une division de cavalerie, dont une brigade occupait l'École militaire et deux Versailles.

Chacune des trois divisions d'infanterie était à trois brigades; celle de cavalerie également. A l'École militaire se trouvaient les 3e, 5e, 9e et 11e batteries du 7e régiment d'artillerie, la 16e à Bicêtre; à Saint-Cloud la 9e du 6e régiment, à Aubervilliers la 10e, à l'École militaire la 11e, à Saint-Denis la 16e, à Vincennes les 4e, 10e et 16e du 10e régiment.

La force militaire sur laquelle on s'appuyait était donc de douze batteries ou de 72 bouches à feu de campagne, de trois bataillons de chasseurs à pied, d'une trentaine de régiments d'infanterie, de six de cavalerie. On avait en outre les sapeurs-pompiers, la garde républicaine à pied et à cheval et deux bataillons de gendarmes mobiles.

On ne saurait évaluer cette masse imposante à moins de cinquante mille hommes. Officiers et soldats étaient à peu près unanimes pour seconder les vues du prince président.

La 1re divison d'infanterie aux ordres du général Carrelet, qui commandait en outre la 1re division militaire territoriale, était formée des brigades Martin de Bourgon, de Cotte et Canrobert. A cette division étaient attachées : la brigade de réserve (pompiers et garde républicaine), du général Dulac commandant en outre la place de Paris et le département de la Seine. La brigade de cavalerie Reibell, stationnée à l'Ecole militaire marchait également avec elle.

Le général Carrelet, excellent et vigoureux officier, était dévoué à la cause du prince président. Il en était de même du général de Bourgon, dont le frère avait été tué aux journées de juin, et du général de Cotte.

Le dévouement au prince Louis de M. Canrobert était beaucoup plus douteux. Ce jenne général, alors fort modeste et auquel les grandeurs n'étaient pas encore montées au cerveau, occupait avec sa brigade l'École militaire.

Élevé dans des sentiments légitimistes, il flottait incertain, malgré les caresses journalières dont il était l'objet de la part du prince et de son entourage. Il était aimé de ses soldats, et l'on craignait, s'il venait à abandonner la cause du président, qu'il ne fît tourner ses troupes.

On l'avait accablé d'éloges après l'assaut de Zaatcha, où il avait été d'une brillante bravoure ; on l'avait nommé coup sur coup général de brigade et commandeur ; on l'avait fait venir à Paris ; enfin, on lui laissait entrevoir une troisième et prochaine étoile. Chaque fois que sa brigade devait prendre les armes, le président se rendait à cheval au champ de Mars, sous prétexte d'assister aux manœuvres commandées par un habile tacticien, et de fait pour enlacer Canrobert dans ses filets et s'assurer son concours.

Les généraux Dulac et Reibell étaient tout au prince ; mais le premier, brillant officier général, n'était pas aimé du général en chef Magnan. Ils avaient eu, croyons-nous, une discussion un peu vive sur le terrain de Satory.

La seconde division, que nous avons vue aux ordres des généraux Guillabert et de Saint-Arnaud, était alors commandée par le général Renault nommé récemment divisionnaire, courageux soldat, d'une portée d'esprit fort ordinaire et qui vient de payer de son existence, pendant le siége de Paris par les Prussiens, une bravoure héroïque. M. Renauld était fort connu dans l'armée sous le sobriquet de *Renault de l'arrière-garde*, qu'il se donnait à lui-même avec orgueil, parce que chaque fois qu'il y avait à exécuter une retraite périlleuse, disait-il, c'était Renault qu'on choisissait pour cela. Il montrait un grand enthousiasme pour la famille Bonaparte et reportait sur le neveu l'admiration qu'il avait pour l'oncle. Son dévouement était sans bornes. Sous ses ordres étaient les brigades Sauboul, Forey et Ripert. Ce dernier avait remplacé récemment le général Cornemuse, devenu le chef d'état-major de l'armée. Le générale Sauboul, garçon plein de finesse, ne sachant encore qui aurait le dessus du prince président ou de l'Assemblée, ne se prononçait pas. Comme on dit vulgairement, il ménageait la chèvre et le chou, agissant avec une prudence excessive, ne se compromettant pas et prêt à passer avec armes et bagages au plus fort et au plus habile. Nous verrons que son calcul ne fut pas couronné de succès. MM. Forey et Ripert étaient du parti du prince. On peut dire que c'est au coup d'État et au 10ᵉ arrondissement que le premier gagna son bâton de maréchal, beaucoup plus qu'au Mexique.

A la troisième division, le général Levasseur avait pour commander ses trois brigades les généraux Herbillon, Marulaz et Aulas-de-Courtigès. Cette division occupait une partie des forts de la rive droite, Vincennes et la caserne près de l'Hôtel de ville. Son quartier général était sur ce dernier point. Elle devait être, selon toute apparence, la plus engagée, vue sa situation près des quartiers populeux.

Le général Levasseur, très-brave militaire, d'une portée d'esprit médiocre, facile à enthousiasmer, comme le général Renault, était aussi, comme ce dernier, complétement dans les eaux du président. Il avait eu un duel malheureux avec un commandant en retraite, Arrighi, allié à la famille Bonaparte, corse, qu'il avait tué. Néanmoins, il était d'un dévouement sans bornes pour le prince Louis. C'est ce même général Levasseur qui commandait la colonne surprise par les neiges en Afrique, au Boutaleb.

En 1854, il avait sous ses ordres une des divisions de l'armée de Paris. L'empereur voulant donner cette division à un de ses aides de camp, le comte Roguet, fit demander à Levasseur d'accepter d'être placé au cadre de réserve où son âge le faisait mettre forcément deux mois plus tard. On offrait au brave soldat, qui n'avait pas de fortune, en compensation de sa complaisance, le sénat et la dotation de trente mille francs. Le loyal et chevaleresque Levasseur refusa, parce que, la guerre venant d'être déclarée au czar, il espérait mener sa division à l'ennemi.

Le général Herbillon arrivait d'Afrique et était en ligne pour le grade de divisionnaire qu'il méritait. Il était prêt à faire vigoureusement son devoir. Marulaz, fils du général Marulaz du premier empire, très-connu dans la vieille armée pour l'énergie de son caractère un peu excentrique, était, comme son père et ses frères, plein de vigueur, mais assez original et très-caustique. Il était acquis à la cause du prince. Le général Aulas-de-Courtigès, brillant officier sorti du corps d'état-major, ne faisait pas montre d'un zèle exagéré, mais on pouvait compter sur lui.

Nous n'ajouterons rien à ce que nous avons dit sur le général en chef Magnan. Son chef d'état-major était le général Cornemuse, qui avait remplacé le général Rollin, ancien chef d'état-major des généraux Changarnier et Baraguey-d'Hilliers.

On n'a pas oublié la brillante fortune de Rollin, devenu de chef d'état-major de Changarnier adjudant général des Tuileries et un des favoris de Napoléon III, qui ne lui a pas ménagé les faveurs.

M. Cornemuse, homme instruit, intelligent et plein d'esprit, est cet officier général que la rumeur voulut absolument rendre la victime de Saint-Arnaud, et que le bruit public fit tuer plaisamment en duel, d'un grand coup d'épée, dans les caves des Tuileries par le maréchal, que le général avait, disait-on, *surpris* en flagrant délit de vol. Le général mourut paisiblement dans son lit des suites d'une fluxion de poitrine gagnée à la sortie d'un bal. Nous avons assisté à ses derniers moments. Il faisait cause commune en 1851 avec son général et avec l'Élysée.

La division de cavalerie, alors à Versailles et composée des 1er et 2e carabiniers, 6e et 7e cuirassiers, était aux ordres du général Korte, un des plus brillants généraux et un des plus brillants cavaliers sortis de notre armée d'Afrique, dévoué également au prince, aussi bien que ses deux brigadiers Tartas et d'Allonville (1).

La subdivision de Seine-et-Oise à Versailles était commandée par le général Cavaignac (Louis), cousin de l'ex-chef du pouvoir exécutif, dans lequel on n'avait qu'une confiance médiocre, mais auquel on n'avait pas voulu retirer son commandement pour ne pas attirer l'attention du public et pour ne pas donner lieu à des commentaires dangereux.

(1) Le général Tartas, très-bon cavalier, mais un peu gascon, avait coutume de dire : « Jamais le soleil ne verra tomber Tartas. » Le général comte d'Allonville commanda en 1855 la division de cavalerie de l'armée d'Orient, qui fut si brillante au combat de Kanghel près Eupatoria.

Comme nous l'avons dit, le dévouement de l'armée au président, sa ferme résolution de sacrifier au principe autoritaire, ne pouvaient être choses douteuses. A peine dans les nombreux régiments de Paris pouvait-on compter trois ou quatre chefs de corps hostiles ou même douteux.

Les principaux agents du prince Louis dans l'ordre civil étaient :

1° le ministre de l'intérieur, le comte de Morny, homme énergique, dont nous croyons inutile de dire ici les bonnes et les mauvaises qualités, mais qui possédait en bien et en mal tout ce qu'il fallait pour mener à bonne fin la difficile et dangereuse entreprise du coup d'État;

2° M. de Maupas, ancien préfet de Toulouse, que l'on avait fait venir de la Haute-Garonne pour le convertir en préfet de police. On comptait beaucoup sur M. de Maupas, parce que dans une affaire récente il avait montré, ou avait paru montrer une certaine énergie. On fut vite désabusé. Tout le monde connaît aujourd'hui l'amusante correspondance télégraphique qui s'établit entre lui et le comte de

Morny pendant les journées de décembre, et rappelant le fameux mot de Cambronne.

Nous verrons bientôt à l'œuvre M. de Maupas.

Les autres membres du cabinet n'avaient, dans la haute comédie qui allait se jouer, que des rôles de comparses. Parmi eux s'en trouvait un d'origine corse, dévoué, comme tout ce qui porte son nom aux Bonaparte, M. Abbatucci. Élevé avec son père près du comte de Montfort (prince Jérôme), pendant l'exil des Bonaparte, il s'était montré un des agents les plus actifs de cette famille et lui avait rendu de bons services.

Telle était la situation militaire à Paris peu de temps avant le coup d'État attendu par l'Assemblée et par les comités des sociétés socialistes. Ces dernières, toujours debout, parfaitement organisées, disciplinées, étaient prêtes à profiter de toute cause de désordre, de toute lutte fratricide. On en était à ce point, lorsque l'Assemblée constituante, de plus en plus hostile à l'Élysée et convaincue, comme tout le monde à Paris, que le prince président ne tarderait pas à tenter un coup de main hardi, fit adopter la proposition Baze, en vertu de laquelle les troupes passaient, pour ainsi dire, du pouvoir exécutif au pouvoir constituant.

Nous avons expliqué quelle impression cette maladresse produisit sur l'armée. Voici maintenant la manière dont la mesure fut exécutée.

On commença par l'afficher dans les casernes ; puis, au bout de quelques jours, quand les dispositions pour le 2 décembre furent à peu près arrêtées, le 11 *novembre*, le général Magnan adressa au général Carrelet, commandant la 1re division militaire territoriale, la lettre confidentielle suivante :

« Mon cher général, j'ai l'honneur de vous informer que l'ordre donné par l'Assemblée constituante relativement au droit de réquérir les troupes et qui avait été affiché dans les casernes, doit en disparaître immédiatement avec les précautions nécessaires comme étant tombé en désuétude et non avenu. Il y sera pourvu ultérieurement.

« Veuillez bien informer, *dès aujourd'hui*, de cette disposition MM. les officiers généraux et chefs de corps sous vos ordres. »

Sur le côté de la dépêche:

« Il faut exécuter cette mesure *sans éclat et avec discrétion.*

« Par ordre, le chef d'état-major,

« Général Cornemuse. »

On fit immédiatement disparaître les affiches, et cela à la plus grande satisfaction des troupes. L'un des généraux de brigade du général Carrelet, M. de Cotte, répondit à son divisionnaire :

« J'ai l'honneur de vous rendre compte, en réponse à votre lettre confidentielle de ce jour, que, sans connaître vos intentions à cet égard, j'avais donné ce matin l'ordre général de faire disparaître les consignes qui prescrivaient de déférer aux réquisitions de l'Assemblée *dite* nationale. Comme je ne supposais pas qu'il fallût prendre des précautions à cet égard, j'ai écrit à ce sujet aux chefs de corps une lettre qui a été lue aux officiers et aux sous-officiers réunis. »

Il y a partout des amis maladroits ; M. de

Cotte était un de ces amis. Il se montra plus mal avisé encore le 2 décembre au matin, ainsi qu'on le verra. L'ordre donné dans les casernes par cet officier général transpira, et l'Assemblée se tint de plus en plus sur ses gardes.

Il était évident aussi que la principale et la plus urgente mesure à prendre au point où en étaient venues les choses, consistait, pour le parti du prince, à confisquer l'Assemblée au profit de l'Élysée, et à mettre ses membres les plus influents hors d'état d'agir.

C'est ce que sentirent le comte de Morny et le général de Saint-Arnaud. Ce dernier se chargea de cette grosse affaire.

Il avait auprès de lui à Paris, à l'École militaire, le colonel Espinasse, commandant le 42ᵉ de ligne. Cet officier était jeune, sans scrupule politique, très-énergique, prêt à tout et dévoré d'ambition. Sorti de Saint-Cyr en 1835, il s'était, par son courage, et en vingt années, élevé au commandement d'un régiment, après avoir échoué trois années de suite au concours de l'École d'état-major.

Saint-Arnaud, l'appréciait ; aussi, comme

nous l'avons dit, l'avait-il fait venir et le tenait-il à sa portée, pour le lancer sur la Constituante au moment opportun, persuadé qu'il ne reculerait pas, et que nulle considération d'aucune nature ne le pourrait retenir. Saint-Arnaud connaissait son monde.

Trois jours avant le coup d'État, le 29 novembre, il le manda dans son cabinet au ministère. La levée de boucliers devait avoir lieu le lendemain.

Saint-Arnaud mit alors la situation sous les yeux d'Espinasse et finit par lui demander s'il voulait concourir au salut de la France, en empêchant l'Assemblée de se réunir et en retenant prisonniers les membres de la Constituante qui se présenteraient au palais législatif, ne lui cachant pas que tous deux risquaient leur tête dans cette grosse partie. Espinasse répondit qu'il avait risqué si souvent sa vie pour des affaires beaucoup moins importantes, qu'il était tout disposé à la risquer une fois de plus pour une si bonne cause. Seulement, il demanda trois jours pour prendre ses dispositions et étudier son terrain. Il voulait reconnaître les tenants et les aboutissants du palais, voir les issues, les locaux intérieurs, afin d'être bien sûr de ne pas manquer son coup (1).

Les trois jours furent accordés, l'action retardée d'autant, et Espinasse sortit du ministère pour aller, sans plus de retard, faire sa reconnaissance militaire et politique. Il était fort lié avec le général Le Flô, un des questeurs de la chambre chargé de veiller sur sa sûreté. Le Flô avait connu Espinasse en Algérie, et ne se doutait nullement du rôle réservé à son camarade et compagnon de guerre. Espinasse se fit promener par le général dans tout le Palais-Bourbon, se fit bien expliquer la topographie des lieux et lui demanda si, en cas de la levée de boucliers dont on parlait de la part du président, il avait songé à mettre en sûreté sa personne. — Le Flô lui répondit qu'il comptait, dans ce cas, sur l'ami Espinasse et le conduisit par un couloir souterrain jusqu'à un passage débouchant par une petite porte sur l'Esplanade des Invalides. Le colonel promit qu'en cas d'événement, ses sapeurs attendraient

---

(1) Nous tenons ces détails du général Espinasse lui-même.

à cette issue le général questeur, ce qui fut fait, mais pas précisément dans le but sur lequel comptait Le Flô (1).

Nous n'apprécierons pas cette action. Nous racontons sans approuver ni blâmer.

Le lendemain, le colonel du 42ᵉ de ligne prévint qu'il était prêt. Le coup d'État fut fixé au surlendemain 2 décembre, au matin.

L'Elysée avait une préoccupation : la garde nationale de Paris ne voudrait-elle pas prendre les armes et se mêler, pour ou contre, de l'affaire ? C'est ce que n'entendait pas le prince président.

Il y avait alors à la tête des gardes nationales de la Seine un brave homme, le marquis de Lavœstine, mort récemment gouverneur des Invalides et devenu le type des voltigeurs du premier Empire ; célèbre par sa bravoure chevaleresque et par une aventure plaisante en 1814. Avec trois autres jeunes colonels de Napoléon Iᵉʳ, il avait contrefait publiquement et ridiculisé les vieux émigrés à ailes de pigeon revenus en France et pourvus

(1) Nous tenons ces détails du sénateur Lacrosse. Ils lui ont été racontés par le général Le Flô lui-même.

de commandements. Louis XVIII avait été furieux, et l'Empereur, au retour de l'île d'Elbe, avait beaucoup ri de ce tour d'écolier. Sur la fin de ses jours, le vieux marquis, si brillant en 1814, avait été puni par où il avait péché. Parent de Mme de Genlis, protégé de Mme Adélaïde sœur du roi Louis-Philippe, il avait, sous le gouvernement de Juillet, obtenu par l'entremise de celle qu'il appelait sans cesse *sa bonne princesse*, toutes les faveurs : reconnaissance de son grade de colonel, nommé général de brigade et général de division, promu commandeur et grand officier. Néanmoins, il s'était vite rallié au prince président, qui avait mis entre ses mains la garde nationale. Son chef d'état-major était le colonel Vyéra, brave et intelligent, dévoué au président, et dont l'une des faiblesses les plus amusantes était de jouer au soldat. Un jour, passant l'inspection des gardes montantes, il avise un jeune homme, simple garde, le sac au dos, dans le rang et décoré. Il s'arrête les mains derrière le dos, et, à la façon napoléonienne, lui dit tout haut : « Où avez-vous été décoré, mon brave ?...

— A Wagram, mon colonel, répond sans hésiter le jeune homme ayant à peine vingt-cinq ans, ex-capitaine de la mobile de 1848 et blessé sur une barricade le 24 juin. On comprend si les rangs éclatèrent de rire à cette réponse, en parfaite harmonie avec le ton de la question.

Or, le colonel Vyéra, avec ou sans ce petit travers, était un homme capable qui menait de fait la garde nationale. On résolut de lui prescrire de s'opposer par tous les moyens en son pouvoir à la réunion et à une prise d'armes de la garde nationale. Le colonel et son général ne trouvèrent rien de mieux que de faire crever les caisses de ses tambours, ce qui empêcha le rappel et par conséquent la réunion redoutée. Le moyen était original, spirituel, et eut un plein succès.

LIVRE II

JOURNÉE DU 2 DÉCEMBRE 1851

Lettre du général de Saint-Arnaud à Magnan. — Dispositions prises par le général en chef. — Espinasse et les agents de police. — Le prince Jérôme, le prince Louis, le prince Napoléon. — Rappel d'Espagne de ce dernier. — Lettre du ministre Léon Faucher au prince Jérôme. — Opposition du prince Napoléon. — Le sabre de Sobiesky. — Le fils de Jérôme est obligé de quitter les Invalides. — Brouille entre l'oncle et le neveu. — Conduite du prince Napoléon le 2 décembre au matin. — Conduite du prince Jérôme. — La revue du président. — Anecdotes. — Les représentants montés au Palais-Bourbon. — Lettre du comte de Morny à Magnan. — La réunion au dixième arrondissement. — Le général Sauboul; sa lettre à Magnan. — Lettre de ce dernier à Saint-Arnaud. — Réponse du ministre de la guerre. — Le général Oudinot. — Anecdotes. — Rapport du général Renault. — Tentative de réunion sur d'autres points. — Lettre du général Sauboul. — Démonstration faite à quatre heures du soir par la division de cavalerie de réserve du général Korte. — Le général d'Allonville. — Anecdote. — Le roi Jérôme et son fils aux Invalides. — Anecdotes. — Le colonel Damas et le prince Napoléon. — Rapport de M. Maupas. — Le 44ᵉ de ligne. — Le colonel Margadel du 14ᵉ de ligne remplacé par son lieutenant-colonel de Négrier. — Ordre double du général en chef. — Anecdotes relatives à la journée du 2 décembre 1851. — Les princes Pierre, Lucien et Antoine Bonaparte.

On sait que les dernières mesures politiques et militaires pour la journée du 2 décembre furent prises à l'Élysée entre le président, M. de Morny et le maréchal de Saint-Arnaud. De retour à son hôtel, ce dernier écrivit *de sa main* au général Magnan la curieuse lettre ci-dessous :

« Mon cher général, il n'y a plus de ménagements à garder, plus de précautions à prendre pour cacher les mesures que le gouvernement croira nécessaires au salut de la nation, au maintien de l'ordre.

« Nous devons nous préparer à un combat

qui peut être long et acharné. J'espère qu'il n'en sera pas ainsi, mais notre devoir est de tout prévoir.

« Donnez donc immédiatement des ordres pour que dans toute l'étendue de votre commandement les munitions de guerre soient prêtes, les réserves complètes et en bon état, les caissons en assez grand nombre et assez bien attelés, pour que les cartouches et gargousses puissent être transportées rapidement sur le point indiqué.

« Recommandez à l'artillerie de ne négliger aucun détail. Ne perdez pas de vue que les troupes se battent mal quand les vivres leur manquent.

« Que les intendants soient donc prévenus, et que les distributions soient assurées partout.

« Il faut que dans la journée toutes les troupes aient dans le sac quatre jours de vivres de campagne. On les remplacera dans les réserves.

« J'appelle aussi votre attention d'une manière toute particulière sur la cavalerie.

« Vous pouvez, pendant quelques jours,

avoir dans Paris sept régiments de cavalerie.

« Il ne faut pas que les chevaux manquent un instant de leur ration. Si la cavalerie est au bivouac, ordonnez que les chevaux soient aussi très-bien pansés et soignés que dans les quartiers.

« Vous aurez à prendre des mesures pour que, dans le cas où les troupes seraient obligées de rester dehors, elles puissent faire du feu et avoir de la paille.

« C'est dans les moments difficiles où nous nous trouvons, où les hommes de cœur et d'intelligence prennent leur place, et je n'ai pas besoin de vous répéter, mon cher général à quel point je compte sur vous.

« Vous servirez de modèle à cette armée si fière de vous avoir pour chef, vous lui ferez comprendre toute la grandeur de sa mission, et votre première couronne, votre première récompense sera d'avoir contribué à sauver la France de l'anarchie et du désordre. »

Cette lettre, le *alea jacta est* du parti de l'Élysée, surprit un peu le commandant en chef de l'armée de Paris. Magnan ne croyait pas qu'on fût si près du *Rubicon*. Il se borna à répondre quelques mots en style officiel, pour dire que les ordres étaient donnés, les dispositions prises.

Des détachements de troupes et des gendarmes furent mis à la disposition des commissaires de police et des agents chargés des arrestations des représentants du peuple. Un tiers de l'armée occupa, sans bruit, et avant le jour, des positions de combat. Les deux autres tiers furent maintenus dans les casernes et consignés. Lecture fut donnée dans toutes les compagnies formées en cercle, dans les chambres et sur le terrain, de la proclamation du président et des documents joints à l'annonce de la grande mesure dont le prince prenait l'initiative pour sauver la France, assurer sa tranquillité et la dérober à l'anarchie.

Les proclamations furent très-favorablement accueillies par les troupes. Au point du jour, le général Levasseur écrivait de sa main au général Magnan :

« J'ai l'honneur de vous accuser réception des proclamations du prince président à l'armée. Les soldats sentent, comme nous, la grandeur de leur mission ; ils n'y failliront pas. Le salut de la patrie en dépend.

« Jusqu'à présent tout est tranquille. »

Voici le dispositif adopté pour les troupes que l'on fit sortir de leurs casernes.

Sur la rive gauche de la Seine : à l'Assemblée nationale, la brigade Ripert de la division Renault ; au quai d'Orsay, la brigade Forey de la même division ; aux Tuileries, 19e et 51e de ligne dont on savait les colonels (Courand et de Lourmel) entièrement dévoués au prince et incapables de la moindre hésitation ; au Carrousel, la brigade Martin de Bourgon, de la division Carrelet ; à la place de la Concorde, s'étendant jusqu'à l'Élysée, la brigade de Cotte de la même division ; aux Champs Élysées, la brigade de cavalerie Reibell (1er et 7e de lanciers) ; à l'avenue Marigny, la brigade Canrobert.

Il existait alors à Paris deux bataillons de gendarmerie mobile créés par arrêté du 5 juillet 1848 et par décret du 11 mai 1850. Le premier était commandé par M. Lamé-

Fleury, le second par M. Jolly. Ces deux officiers supérieurs, aussi bien que leurs bataillons, troupe d'élite qui devint plus tard le régiment de gendarmerie à pied de la garde, étaient entièrement dévoués au prince Louis qui les avait fort cajolés. On leur fit prendre position sur la place de la Concorde, en bataille devant le jardin des Tuileries, face aux Champs-Élysées, avec la brigade de Cotte. La brigade Marulaz s'établit sur la place de l'Hôtel-de-Ville.

Sur la rive droite on ne fit aucun déploiement militaire. Nous croyons inutile d'entrer dans les détails déjà connus et de raconter l'arrestation des principaux personnages contre lesquels un mandat d'amener avait été lancé. Ce que nous dirons, c'est qu'un nombre considérable d'agents supérieurs de la police fut réuni à l'École militaire, mis à la diposition du colonel Espinasse, et que ce dernier, après leur avoir donné ses instructions d'un ton sévère et précis, ne leur laissa pas ignorer que toute défaillance, toute hésitation de la part de l'un d'entre eux amènerait sa mort immédiate.

Les malheureux agents n'avaient donc pas

à choisir. Ils partirent avec le colonel, sous l'escorte d'un bataillon du 42ᵉ de ligne, pour se rendre à l'Assemblée.

Toutes les mesures avaient été si habilement prises, tout avait été prévu avec tant de soin, exécuté avec tant d'adresse et si lestement, que le 2 décembre au point du jour les Parisiens se réveillèrent fort étonnés d'apprendre qu'une révolution au petit pied s'était effectuée en quelques heures, pendant leur sommeil, et que le président venait de servir à la capitale et à la France le fameux coup d'État dont il était depuis si longtemps question.

Mais si le prince Louis avait trouvé dans ses ministres, dans l'armée, un dévouement sans bornes à sa cause ; si, croyant devoir prévenir l'exécution d'un coup de main contre lui, qui n'eût pas tardé à être tenté par les principaux chefs de l'opposition dans l'Assemblée, il avait réussi dans les premiers instants de sa tentative, il ne pouvait se dissimuler qu'il restait beaucoup à faire.

Il avait dans sa propre famille un ennemi assez dangereux, quoiqu'il ne s'exposât pas volontiers, le fils du vieux roi Jérôme, le prince Napoléon. C'était un homme d'infiniment d'esprit et de moyens, d'un caractère violent, affectant des opinions d'un libéralisme outré, et était d'ailleurs brouillé avec son cousin dont il enviait la popularité, dont il convoitait peut-être le pouvoir.

Il faut remonter à dix-huit mois pour expliquer la position de la famille Jérôme et la haine du prince Napoléon.

Le prince Louis avait vécu longtemps en exil avec le fils du roi Jérôme. Ayant partagé les mêmes souffrances, les mêmes plaisirs et quelquefois la même chambre, à Londres, il aimait beaucoup ce cousin plus jeune que lui, dont il se considérait parfois comme le Mentor, et dont les saillies caustiques, la haute intelligence, les connaissances variées, la conversation pleine d'attrait, ne laissaient pas d'avoir pour lui et pour bien d'autres un grand charme. Il avait pour son oncle, le dernier des frères de Napoléon Ier, l'ex-roi de Westphalie, si digne dans l'adversité, un respect profond, mais il ne s'abusait ni sur les défauts du fils, ni sur la faiblesse du père.

Le prince Louis avait été, dit-on, fort épris, en Suisse, de sa cousine la princesse Mathilde, une des plus séduisantes jeunes filles qu'il fût possible de voir. On prétend même qu'il voulait l'épouser, mais que l'espèce d'indifférnce que la princesse lui avait montrée, en se rendant à une fête, le soir du jour où elle avait appris son arrestation après l'affaire de Strasbourg, avait refroidi ses sentiments.

Nous n'avons pas contrôlé la vérité de cette anecdote, qui a du reste peu d'importance.

Lorsque le prince Louis fut proclamé président de la république, il fut heureux de faire cesser pour la famille Jérôme l'état de gêne dans laquelle elle avait si longtemps vécu, à l'exception toutefois de la princesse Mathilde qui, depuis son mariage avec le comte Demidoff, et depuis sa séparation avec son mari, touchait de ce dernier, par ordre du czar, une pension annuelle de 200 mille francs, dont elle abandonnait, également par ordre du czar, 40 mille francs à son père, jusqu'au jour où ce dernier aurait une position stable.

Le président une fois au pouvoir s'empressa donc de rendre à son oncle son grade et ses émoluments de général de division et de le nommer gouverneur des Invalides, sous prétexte que c'était au dernier des frères du grand homme que revenait de droit la mission de veiller sur ses cendres précieuses. Le prince Napoléon fut envoyé ambassadeur en Espagne.

Le nouvel ambassadeur ne tarda pas à prononcer des discours politiques dangereux, à devenir impossible dans des fonctions publiques élevées. L'on fut obligé de le rappeler.

A la suite d'un conseil des ministres, celui de l'intérieur, alors Léon Faucher, écrivit de sa main au prince Jérôme, le 26 avril 1849 :

« Général, je ne veux pas laisser passer la journée sans vous exprimer le regret très-vif avec lequel j'ai concouru à la mesure qui frappait un membre de votre famille. Il n'a fallu rien moins, pour m'y décider, que le sentiment d'un devoir impérieux.

« Veuillez croire que mon dévouement pour vous reste le même, et accueillir la nouvelle assurance de mon attachement respectueux. »

Le prince Napoléon, furieux de la mesure, cependant fort juste, prise à son égard, revint en France habiter avec son père l'hôtel des Invalides, privé des appointements dont il regrettait amèrement la perte. Il commença à faire à l'Assemblée, dont il était un des membres, une opposition violente et systématique au gouvernement du 10 décembre.

Le prince Louis supporta d'abord la conduite de son cher cousin avec beaucoup de calme et de patience ; mais ses ministres finirent par lui faire sentir qu'il y avait là un danger sérieux, et qu'il fallait le conjurer en éloignant le prince Napoléon.

Le président parla dans ce sens à son oncle le roi Jérôme, et lui demanda de faire voyager pendant quelques temps son cousin. Jérôme déclara la chose impossible, vu le manque d'argent, et pour prouver le bon vouloir de son fils, il déclara à son neveu que le prince Napoléon, comprenant sa position, avait voulu s'éloigner ; qu'il avait cherché à se procurer quelques billets de mille francs dans ce but, qu'il avait même proposé au musée d'artillerie de lui céder le sabre de Sobieski lui venant de l'héritage de l'empereur. Le musée, ajoutait Jérôme, n'avait voulu donner qu'une somme insignifiante.

Le président avait, à cette époque, peu d'argent à sa disposition ; néanmoins, il paya le sabre et l'envoya au musée. Le prince Napoléon toucha l'argent, mais ne partit pas. Non-seulement le fils du roi Jérôme resta à Paris, mais il continua son opposition quasi-personnelle et de mauvais goût, et il convertit son petit appartement des Invalides en foyer de conspirateurs de bas étage. La police le sut. Ordre fut donné à Son Altesse de vouloir bien quitter l'hôtel pour s'en aller loger en ville. Le père furieux prit fait et cause pour son fils et cessa de voir son neveu. Le prince Napoléon fut d'abord loger rue de l'Université, puis rue d'Alger, 10.

Il se trouvait dans ce dernier appartement lorsque, le 2 décembre au matin, il apprit le coup d'État. Il se lève à la hâte, court au Palais-Bourbon, demande à voir le président de l'Assemblée, M. Dupin. Il veut le pousser à réunir les représentants, faire décréter, *sur l'heure,* la déchéance du président de la république et procéder à son arrestation *immédiate*.

Le prince ne peut voir M. Dupin. Le rusé président de l'Assemblée s'est fait mettre *aux arrêts forcés par Espinasse* avec sentinelle à sa porte. Ne se possédant plus, *Son Altesse* (très-fier de cette qualification, malgré ses idées de liberté, d'égalité et de démocratie) se rend à la hâte aux Invalides, prévient son père, puis repart pour faire une nouvelle tentative auprès de M. Dupin, et pour chercher lui-même à réunir ceux de ses collègues qu'il sait opposés au président.

Pendant ce temps-là, le vieux roi, créé depuis le 1er janvier 1850 maréchal de France, se lève, endosse son uniforme et fait appeler celui de ses aides de camp qui loge dans l'hôtel au-dessus de lui.

L'aide de camp descend et trouve son maréchal se promenant à grands pas dans la vaste galerie qui longe les salons, les mains derrière le dos, agité et dans une attitude toute napoléonienne. Le prince lui reproche de n'être pas encore près de sa personne, de ne l'avoir pas prévenu de ce qui se passe, etc.

« Mais, lui répond l'officier, j'ignorais

complétement les événements. Votre Altesse les connaissait-elle ?

— Non, dit naïvement Jérôme ; Louis ne m'a averti de rien. C'est un grand manque d'égards. »

L'aide de camp fait alors respectueusement observer au vieux roi que, pour réussir dans la tentative du coup d'État, il avait fallu avant tout garder le plus inviolable secret ; et que si le président avait prévenu son oncle, l'oncle ne manquant pas de prévenir le fils, le fils ses amis politiques......

« Mais, ajoute tout à coup l'officier, Votre Altesse sait-elle où se trouve le prince Napoléon en ce moment ?

— Oui, il est allé pour la seconde fois à la chambre, afin de forcer le président de l'Assemblée à convoquer les représentants. Alors on fera arrêter Louis et on le conduira à Vincennes. »

L'aide de camp n'était pas du tout de cet avis. Ayant demandé et obtenu l'autorisation de se rendre à l'Élysée pour voir ce qui s'y passe, il saute sur son cheval et part au galop.

Arrivé au palais et le trouvant encombré de

généraux et de personnages qui viennent faire acte d'adhésion et protester de leur dévouement, il demande l'officier de service. Le capitaine de Meneval se présente et lui serre la main.

« Mon cher Meneval, lui dit l'aide de camp de Jérôme, je viens de la part du gouverneur des Invalides *prendre les ordres du président*.

Meneval passe dans le salon voisin, et deux minutes après le général Roguet, s'adressant à l'envoyé de Jérôme, lui dit à haute voix, de façon à être entendu de tout le monde :

« Capitaine, dites au *roi* que le *prince* son neveu l'attend pour monter à cheval avec lui, si sa santé le lui permet.

— Sa santé le lui permettra, répond l'officier en saluant, et, remontant à cheval, il rentre au galop à l'hôtel des Invalides, donnant ordre de seller les chevaux du gouverneur. Il trouve ce dernier encore seul dans la galerie et lui rend compte de sa mission. Le vieux roi entre dans une violente colère.

« Qu'avez-vous fait? lui dit-il, à quoi pensez-vous, et que dira Napoléon ?

— Ma foi, Monseigneur, répond tranquillement l'officier, le prince Napoléon dira ce qu'il voudra ; toute l'armée se rallie autour du président. Votre Altesse n'est plus roi de Westphalie, mais gouverneur des Invalides et maréchal. A ce double titre, elle doit obéissance au chef de l'État. Voilà ce que je pense.

— Vous m'avez compromis. »

Telle avait été en effet la pensée de l'aide de camp.

« Monseigneur, ajoute ce dernier, c'es votre cause et non la mienne que je défends. Le président a pour lui l'armée ; il aura le dessus. S'il ne réussit pas, la famille de l'empereur peut s'attendre à retourner de nouveau et à tout jamais en exil ; moi pauvre officier, je continuerai mon service près d'un autre général.

— Jamais, jamais, disait le prince, arpentant la galerie à pas précipités.

— Je demande alors à Votre Altesse la permission de me rendre à l'Élysée pour porter son refus au président et me mettre de ma personne à la disposition du chef de l'Etat. »

Le roi s'arrête à ces mots ; l'officier, qui connaît la bravoure personnelle du vieux soldat de Waterloo, a une idée subite :

« Le président va parcourir à cheval les rues de Paris, dit-il, on tirera sur lui, il y aura du danger, je croyais que près de lui était la place d'un maréchal de France et celle du frère de l'empereur. »

A ces mots, Jérôme réfléchit un instant ; puis tout à coup se dirigeant vers l'escalier :

« Vous avez raison, dit-il, montons à cheval. »

Dans la cour, les autres aides de camp et officiers du prince l'attendaient. Ils venaient d'arriver. On part au galop et l'on est bientôt à l'Élysée. On ne rencontre pas le prince Napoléon. Sur l'esplanade des Invalides un bataillon rend les honneurs militaires au prince, qui, assez vaniteux et aimant la représentation, paraît tout joyeux de se montrer aux troupes à cheval, dans sa tenue de maréchal et encore plein de vigueur malgré ses soixante-cinq ans.

Le prince Jérôme, après le coup d'État, a dit à plusieurs personnes et paraît avoir tenu essentiellement à faire croire que son neveu l'avait prévenu. On a pu le supposer en le voyant à cheval auprès du président. Il n'en est rien cependant. La conversation que nous venons de rapporter est vraie, exacte dans son ensemble et dans ses détails. Non-seulement le prince Louis ne prévint pas Jérôme, ce qui eût été de sa part une maladresse insigne, mais en le voyant il ne lui parla pas de l'événement du jour, le reçut en lui serrant la main et en lui demandant de ses nouvelles, comme s'il l'eût vu la veille, quoique depuis six mois ils ne se fussent pas visités ; se bornant à lui dire :

« Mon oncle, pouvez-vous monter à cheval avec nous? cela ne vous fatiguera-t-il pas? »

Il était dix heures du matin à peu près. Dans la cour d'honneur de l'Élysée se tenait à cheval une escorte composée d'un détachement du 7ᵉ de cuirassiers venu de Versailles et d'un peloton de lanciers. Les chevaux du président et d'une quarantaine d'officiers généraux supérieurs et aides de camp tenus en main piaffaient impatients.

Dès que le président paraît, les cuirassiers levant le sabre crient : *Vive l'empereur!* On leur donne l'ordre de cesser. Tout le monde monte à cheval ; on sort du palais au pas, précédé par une avant-garde de cavaliers le pistolet au poing. On tourne à droite pour se diriger vers la rue Royale et la place de la Concorde.

Le président se place *seul* en avant du cortége et derrière l'avant-garde. Aucun soldat ne le flanque à droite et à gauche. Un peu en arrière auprès de lui, à sa droite, vient le prince Jérôme, monté sur un petit cheval blanc de Tarbes. A sa gauche, le général Saint-Arnaud, puis le ministre Abbatucci, croyons-nous, un des fidèles de l'Élysée, qui avait dit en italien le matin au prince : « Monseigneur, ce n'est pas tout que de commencer, il faut finir. » Dans le cortége on remarque le général Magnan, près du ministre de la guerre, le maréchal Excelmans, grand chancelier de la Légion d'honneur, le prince Murat en uniforme de colonel de la garde nationale, les généraux Daumas, de l'Étang, de Bourjolly et plusieurs autres brigadiers ou divisionnaires, un grand nombre d'officiers supérieurs ; les colonels Fleury et Edgard Ney, ce dernier récemment attaché à la personne du président, vont et viennent portant des ordres. M. Édouard Thayer, directeur des postes, se trouve également au milieu des officiers.

De l'Élysée à la place de la Concorde, la haie est formée par les troupes de la brigade de Cotte. Sur les trottoirs circulent les membres de la société du Dix-Décembre acclamant le président, et un certain nombre de gens des sociétés secrètes, dont les figures semblent menaçantes. Le prince Louis, calme, ayant presque l'air indifférent à ce qui se passe, montant avec grâce un beau cheval anglais, marche sans adresser la parole à personne, sans tourner la tête, accueillant avec le même imperturbable sang-froid les vivat des uns, les cris sombres de Vive la république! des autres. De temps à autre Fleury, le fidèle Fleury, l'âme de la fête, le metteur en scène de cette haute comédie, s'approche, lui dit un mot à l'oreille, puis repart au galop.

Au moment où le prince débouche sur la place de la Concorde, le général de Cotte se porte à sa rencontre criant à tue tête : Vive l'empereur! Nouvelle maladresse. Sa brigade répète ce cri, et le bataillon de gendarmes mobiles du commandant Jolly, entraîné par cet exemple et par son chef, rompant les rangs, vient entourer le prince, en faisant retentir l'air des vivat les plus enthousiastes, ajoutant tout à coup : Aux Tuileries, aux Tuileries !

Cette ovation spontanée électrise-t-elle le prince président ? le fait-elle sortir un instant de son calme ? lui inspire-t-elle [la pensée de terminer d'un seul coup le drame qu'il joue depuis deux ans ? La chose est probable, car, se faisant ouvrir les grilles du jardin du pont tournant, il détale au galop ; mais il s'arrête brusquement près du grand bassin. Que s'est-il passé ?

« Louis, venait de lui dire tout bas à l'oreille son oncle le prince Jérôme, plein de bon sens et de prudence, Louis, tu vas trop vite. Crois-moi, n'entre pas encore au château. »

Cette voix sage et ferme avait calmé l'élan irréfléchi du prince. On se remet en marche au pas, et, laissant le pavillon de Flore sur la gauche, on franchit la grille située en face le Pont-Royal, pour pénétrer par le guichet sur la place du Carrousel où se tient le commandant de la garde nationale, le marquis de

Lawœstine, que le prince complimente sur l'abstention de la milice parisienne. Après avoir passé devant le front des troupes de la brigade de Bourgon, le cortége traverse le Pont-Royal, longe le quai d'Orsay et se porte sur la place du Palais-Bourbon où se trouvent quelques troupes. Il rentre ensuite, une heure et demie après en être sorti, à l'Élysée, par le pont de la Concorde, non sans avoir passé devant la brigade de lanciers du général Reibell en bataille sur la grande avenue.

Une anecdote assez curieuse.

Le prince président débouchait par la rue de Bourgogne, près de l'Assemblée constituante ; un des bataillons de la gendarmerie mobile se trouvait sur les gradins.

Le chef de ce bataillon et ses hommes avaient, le matin, procédé à l'arrestation de quarante représentants, qui, de la salle des conférences, avaient voulu passer dans celle des délibérations, essayant d'opposer une sorte de résistance et faisant lire à l'officier de gendarmerie l'article de la constitution relatif à la circonstance. Dès que ces militaires voient paraître le prince Louis, ils poussent des cris enthousiastes de Vive le président, et même de Vive l'empereur. Un autre cri répond aux leurs. Le peuple poussait celui de *Vive la république*, qui devient de plus en plus intense.

Tout à coup, le prince appelle Fleury. Ce dernier donne un ordre aux cuirassiers, les cuirassiers font entendre à leur tour un formidable cri de Vive la république. Les opposants du coup d'État, auxquels on vient évidemment de voler leur mot de ralliement, stupéfaits, ne trouvent plus rien à dire et suivent en silence le cortége.

Arrivé à l'Élysée, le président entra dans les salons, remercia son oncle sans souffler mot des événements. Jérôme l'assura qu'il était tout à sa disposition, lui fit maintes protestations, remonta à cheval suivi de ses officiers et accompagné jusqu'au pont des Invalides par le général Magnan, lequel, entre parenthèse, paraissait soucieux. Il était battu de l'oiseau et semblait craindre pour la fin de la journée. Laissons le prince Jérôme rentrer aux Invalides, Magnan rentrer à son quartier général, et reprenons le récit des événements.

Dès le matin, une quarantaine de représentants étaient parvenus à pénétrer dans le palais du corps législatif. Ils avaient été arrêtés par la gendarmerie mobile, ainsi que nous l'avons dit, et menacés par le colonel Espinasse. Compte fut rendu à Saint-Arnaud, qui s'empressa d'écrire au ministre Morny pour demander ce qu'il devait faire des représentants arrêtés et détenus au Palais-Bourbon.

« Général, répondit aussitôt M. de Morny, gardez-les tous. » *En post-scriptum* de la lettre se trouvent ces mots :

« Faites surveiller le 10e arrondissement. Les représentants vont de ce côté et la légion est mauvaise. »

En effet, à peine rentré à son quartier général, le commandant en chef avait été prévenu qu'un grand nombre de représentants se dirigeaient vers la mairie du 10e arrondissement, dans l'intention de s'y constituer en assemblée permanente. Le prince Napoléon, chose singulière, ne se trouvait ni avec les quarante saisis à la chambre, ni avec ceux qui, comme nous allons le voir, se firent arrêter au 10e arrondissement. Celui qu'on appelait le prince de la Montagne était la prudence même. Il courait les faubourgs déguisé, avec deux ou trois socialistes de bas étage. La nouvelle donnée au général Magnan était vraie. Le général Sauboul, installé au Luxembourg, avec sa brigade, la 1ʳᵉ de la division Renault, écrivit à midi à son chef immédiat :

« M. le commandant Plée (*de l'état-major de l'armée de Paris*) vient de se présenter à mon quartier général pour m'informer que MM. Berryer et de Larochejacquelein, représentants, avaient harangué le peuple par les fenêtres de la mairie du 10ᵉ arrondissement, avaient déclaré que les représentants, en nombre suffisant, avaient proclamé la déchéance du président de la république et avaient nommé le général Oudinot commandant en chef de toutes les troupes.

« Les représentants sont réunis dans une salle de la mairie du 10ᵉ, gardés par un bataillon de chasseurs à pied.

« Je n'ai plus, au Luxembourg, que le 37ᵉ qui a déjà envoyé un demi-bataillon dans la rue de Fleurus pour arrêter les représentants, et un autre demi-bataillon du même régiment se rend à la mairie du 11ᵉ arrondissement pour remplir la même mission, ainsi que vous l'avez ordonné.

« Je pense, mon général, qu'il serait peut-être bon de faire venir au Luxembourg le 30ᵉ de ligne caserné à l'Ourcine, Bicêtre et Ivry, voire même la batterie d'artillerie et la compagnie du génie casernés au fort d'Ivry, si vous le jugez convenable.

« Vous savez, mon général, que le 19ᵉ de ligne, qui est sous mes ordres, est en ce moment dans le jardin des Tuileries, de sorte que je n'ai plus que deux régiments.

En post-scriptum :

« Je désirerais, s'il était possible, qu'un officier d'ordonnance fût mis à ma disposition, mon aide de camp étant insuffisant. »

Le général Sauboul, nous l'avons déjà dit, n'était pas franc du collier en cette circonstance. Il voulait voir venir les événements. Son aide de camp, brave garçon dévoué à la cause qu'avait embrassée l'armée, l'avait pressé de monter à cheval et de se rendre de sa personne à la mairie du 10ᵉ arrondissement. Le général n'avait pas voulu y consentir, il l'avait envoyé à sa place. Puis il avait écrit la lettre ci-dessus, qui le mettait en règle avec l'un et l'autre parti. En effet, si celui de l'Élysée l'emportait, cette lettre prouvait son bon vouloir ; s'il avait le dessous, il pouvait arguer de ce qu'il n'avait pas voulu se rendre à la mairie et du *post-scriptum* de sa lettre, relatif à son aide de camp, qu'il tenait pour l'Assemblée.

Malheureusement pour lui, ce calcul fort habile fut déjoué. Un autre officier général, ainsi que nous allons le dire, ne craignit pas d'engager sa responsabilité et cueillit la poire. Sauboul fut fort heureux de conserver près de lui l'aide de camp témoin de son refus d'agir et de ses tergiversations. Toutefois, le général eut une compensation, il récolta l'estime... du prince Napoléon. Ce dernier, après le coup d'État, tourmenta son père et obtint de lui de prendre aux Invalides, comme commandant de l'hôtel, en remplacement du général Petit, M. Sauboul, qui resta là plusieurs années et mourut à l'âge de soixante-sept ans, ayant manqué au 2 décembre sa troisième étoile.

C'est le seul officier général qui n'ait pas agi carrément. Un seul chef de corps, le colonel du 14ᵉ de ligne, de Margadel, parut hésiter. On le remplaça séance tenante par son lieutenant colonel M. de Négrier.

En recevant la dépêche du général Sauboul par le général Renault, Magnan donna des ordres pour faire disperser la réunion du 10ᵉ arrondissement. Une autre, au 11ᵉ arrondissement, paraissait prête à être tentée ; Magnan prit ses mesures et écrivit à Saint-Arnaud, à deux heures moins le quart :

« On me rend compte que des représentants veulent se réunir à la mairie du 11ᵉ arrondissement. Je donne l'ordre au général Sauboul de s'y opposer et d'envoyer sur les lieux un chef de bataillon avec un demi-bataillon pour faire dissoudre cette réunion et faire arrêter et conduire à Mazas ceux des représentants qui n'obéiraient pas à l'injonction.

En post-scriptum. « Le 51ᵉ de ligne sera très-bien établi aux Tuileries, le 19ᵉ le sera également bien au Palais National.

« Je fais fermer par un commissaire de police, appuyé de deux compagnies de grenadiers du 19ᵉ de ligne, la *maison Dorée* et *Tortoni*, où des légitimistes pérorent le peuple et déblatèrent contre le président. On les pourchassera partout où ils voudront s'arrêter pour *ameuter*.»

Saint-Arnaud répondit immédiatement (une heure de l'après-midi) :

« Général, je vous remercie de m'avoir envoyé les renseignements que vous venez de recevoir du général Levasseur. — J'approuve la mesure que vous proposez de renvoyer à quatre heures la brigade Bourgon dans ses quartiers. Je ne saurais trop vous recommander de vous faire tenir bien exactement au courant de tout ce qui se passe, et d'être toujours en mesure de faire face aux éventualités. »

En post-scriptum de la main du ministre :

« Je reçois la lettre qui me signale la réunion des représentants à la mairie du 10ᵉ arrondissement. Il importe de prévenir ou de dissiper cette réunion, surtout si la 10ᵉ légion se montre hostile. Dans ce cas, il faut agir avec énergie et ne pas ménager la 10ᵉ légion. Envoyez-y plus de troupes, si cela est nécessaire, même de la cavalerie et du canon. Il ne faut pas laisser commencer le combat par la garde nationale. »

A cette lettre en était jointe une autre du général Levasseur, très-courte; un mot de Magnan demandant l'autorisation de faire rentrer les troupes à cinq heures pour manger la soupe et se reposer, en les remplaçant par des patrouilles.

A une heure un quart, le général Magnan recevait par le général Roguet la lettre de Saint-Arnaud et lui répondait :

« Monsieur le ministre, on m'apprend que deux cents députés se sont réunis à l'Hôtel de ville (*sic*) du 10ᵉ arrondissement. J'en ai prévenu le préfet. J'ai donné l'ordre au général Forey de diriger le 6ᵉ bataillon de chasseurs sur ce point, pour y être mis à la disposition du préfet de police. La 10ᵉ légion a l'intention de se réunir, pour être à la disposition des représentants.

« Je reçois votre lettre par le général Roguet; *j'ai prévenu vos intentions.* »

Voyons maintenant ce qui avait donné lieu à cette correspondance. Tandis que le prince Louis passait la revue des troupes à la place de la Concorde, au Carrousel, aux Champs-Elysées, un grand nombre de représentants, étant parvenu à s'entendre, s'étaient donné rendez-vous à la mairie du 10ᵉ arrondissement. Ils savaient la légion de la garde nationale de cet arrondissement acquise à la cause de l'Assemblée. Ils espéraient la voir se réunir. Ils auraient alors délibéré sous la protection de ses baïonnettes et au pouvoir exécutif opposé le pouvoir législatif.

Près de cent cinquante représentants avaient pris séance, ils commencèrent par se choisir un chef militaire. Au milieu d'eux et en grand uniforme on voyait le général Oudinot, duc de Reggio, qui, malgré son nom célèbre sous le premier empire, était un des opposants du prince Louis.

Le maréchal Oudinot, du premier empire, était le plus brave soldat du monde, couvert de blessures, mais d'une grande médiocrité. Il s'était rallié franchement aux Bourbons en 1814. Le géneral, son fils, était plus médiocre encore et non moins brave. Petit, fort laid, mais montant à cheval comme personne, il était le premier écuyer de France. Cette qualité et son nom l'avaient élevé assez vite aux plus hauts degrés de la hiérarchie militaire et lui avaient acquis dans l'arme de la cavalerie une réputation bien au-dessus de ses mérites. En arrivant à la présidence, le prince Louis lui avait fait mille avances et l'avait placé assez intempestivement à la tête de l'armée chargée du siége de Rome. Oudinot s'était fort mal acquitté de cette mission. Il était revenu en France sans obtenir le bâton de maréchal, objet de toute son ambition. Il s'était rangé à la chambre du côté des adversaires du prince président, mais sans cependant faire une opposition violente.

Les cent cinquante à deux cents représentants réunis au 10ᵉ arrondissement le nommèrent naturellement commandant en chef des troupes.

Au moment où il venait d'être proclamé, le demi-bataillon du 6ᵉ de chasseurs à pied, de la brigade Forey, appelé de l'Élysée pour dissiper la réunion, arrivait à la mairie.

Le 6ᵉ bataillon de chasseurs à pied était aux ordres du commandant Castagny (devenu général de division) et tellement malade ce jour-là, qu'étant monté à cheval le matin, à la tête de sa troupe, il était tombé et qu'on avait dû le rapporter chez lui.

Le demi-bataillon accouru au 10ᵉ arrondissement était sous le commandement du plus ancien capitaine, M. Giraud, aujourd'hui général de brigade. Une des compagnies, celle chargée plus spécialement d'arrêter les représentants, avait pour chef un jeune officier intimement lié avec un membre de la gauche de l'Assemblée, encore aujourd'hui député et qui, voyant son camarade, lui dit :

« Crois-tu donc que tes soldats te suivront ?

— Non, répondit le capitaine, c'est moi qui serai obligé de les suivre. Veux-tu te rendre compte de leurs sentiments, viens leur parler. »

Aussitôt dit, aussitôt fait ; le représentant

essaie d'adresser une allocution aux chasseurs.

« Vive Napoléon! » répondent d'une voix unanime ces derniers.

Cependant le général Oudinot fait appeler le capitaine, et se présentant à lui revêtu de son uniforme et de ses insignes :

« Monsieur, lui dit-il, vous violez la loi en nous arrêtant, et le président de la république a violé la constitution. Dans trois jours je vous ferai passer à un conseil de guerre, si vous persévérez à vouloir exécuter vos ordres.

— Cela ne me regarde pas, mon général : j'ai ordre de mon général de brigade de vous arrêter et je vous arrête.

— Mais vous ne savez donc pas que je commande en chef l'armée de Paris?

— Vous n'êtes pas à l'ordre de l'armée, mon général; quand vous y serez, je vous reconnaîtrai.

— Vraiment, monsieur, on vous croirait dépourvu d'intelligence.

— Mon général, je n'ai jamais d'intelligence sous les armes. Comme je ne veux pas permettre à ces braves gens qui m'obéissent d'en avoir, je me prive à mon tour d'en montrer.

— Mais si votre général de brigade vous ordonnait d'aller vous jeter à l'eau ?

— J'irais, mon général. »

Là se termina le colloque.

Pendant ce temps, l'aide de camp de Sauboul, ayant avec lui les agents de police mis à sa disposition, ordonnait aux représentants de suivre les troupes à la caserne du quai d'Orsay. On partit ; le général Forey, accompagné du capitaine Schmitz son aide de camp, arriva et prit le commandement. Cette affaire mit Forey et Schmitz en relief. Le premier est devenu maréchal après la prise de Puebla par ses troupes ; le second, comblé par l'empereur et par l'impératrice, officier d'ordonnance du premier, chef d'état-major du corps expéditionnaire de Chine, puis chef d'état-major de Trochu pendant le siége de Paris par les Allemands, est aujourd'hui général et commande une brigade d'infanterie. Quant à Sauboul, nous avons dit qu'il se rattacha au prince Jérôme par le prince Napoléon, auprès de qui probablement il fit valoir sa conduite pendant la journée du 2 décembre. Le pauvre aide de camp du général n'obtint absolument rien lors de la distribution des faveurs sans nombre accordées à la suite du coup d'État.

A trois heures, les députés étaient enfermés à la caserne du quai d'Orsay. A trois heures vingt-sept minutes, Magnan écrivait à Saint-Arnaud :

« Monsieur le ministre, j'allais monter à cheval et me porter de ma personne à la mairie du 10ᵉ arrondissement pour mettre un terme aux menées des représentants qui y étaient réunis, lorsque M. Robinet, capitaine de mon état-major que je vous ai envoyé, est venu me rendre compte que le général Forey avait mis à exécution l'ordre que je lui avais donné : tous les représentants qui avaient fait opposition ont été arrêtés au nombre de cent cinquante et conduits à la caserne du quai d'Orsay.

« J'ai envoyé mon chef d'état-major sur les lieux pour me rendre compte de ce qu'il reste à faire et, selon les circonstances, j'agirai.

« Au moment de me porter sur la mairie du 10ᵉ arrondissement, j'avais donné l'ordre au général de Cotte de s'y rendre avec un bataillon de garde mobile ; tout me paraît terminé sur ce point. »

Vers quatre heures, tout semblait concourir au succès du coup d'État.

Le grand danger avait été conjuré au 10ᵉ arrondissement, et le général Renault, dont la division occupait la rive gauche, envoyait à cinq heures du soir au général Magnan le rapport ci-dessous :

« Mon général,

« J'ai l'honneur de vous rendre compte des événements qui se sont passés sur la rive gauche, depuis le moment où les troupes ont été établies sur les emplacements assignés aux corps de ma division, d'après vos ordres de ce matin.

« Le quai d'Orsay et la place de Bourgogne ont été de bonne heure occupés par les troupes ; elles ont été toutes visitées par M. le président de la république, dont la présence a été saluée avec le plus grand enthousiasme.

« A midi, j'ai reçu l'avis que des représentants du peuple commençaient à se réunir dans la mairie du 10ᵉ arrondissement. J'y ai envoyé immédiatement le 6ᵉ bataillon de chasseurs à pied ; M. le général Sauboul, informé de son côté de cette réunion, y envoyait un bataillon du 37ᵉ de ligne, qui, de concert avec le bataillon de chasseurs, ont cerné la mairie du 10ᵉ arrondissement et ont procédé à l'arrestation des représentants qui s'y trouvaient. Le général Forey, qui, quelques instants après, s'y est transporté avec un bataillon du 14ᵉ de ligne, a dirigé l'emploi des troupes réunies sur ce point. Les représentants, descendus dans la cour, ont essayé de haranguer les soldats ; mais le général leur a imposé silence, les a fait entourer, et les a conduits sous l'escorte des trois bataillons au palais d'Orsay, où on les a enfermés. Ils étaient au nombre d'environ cent cinquante. J'avais envoyé, pour seconder le général Forey dans sa mission, M. le capitaine de Labarre, de mon état-major, qui a aidé avec intelligence aux arrestations qui ont été faites. Les prisonniers partis, la mairie a été entièrement évacuée par la troupe.

« Le palais du Luxembourg avait été désigné comme un des points où les représentants devaient se réunir ; des mesures avaient été prises en conséquence, et personne n'a paru.

La mairie du 11ᵉ arrondissement n'a pas servi non plus de point de réunion, malgré les avis qui en avaient été donnés.

« Ainsi, la tranquillité matérielle n'a pas été troublée sur la rive gauche de la Seine ; pas un acte d'hostilité n'a été fait contre les troupes, pas un pavé n'a été remué.

« En ce moment, les troupes sont encore sur les positions qu'elles occupaient ce matin ; elles ont mangé la soupe du soir, et les ménagements qu'on en a eus les rendent encore très-disponibles ; elles sont en bon état et animés d'un excellent esprit, qui leur fera supporter toutes les fatigues qu'on exigera d'elles pour la mission d'ordre qui est confiée en ce moment au patriotisme de l'armée.

« Les bonnes dispositions prises par M. le général Sauboul nous garantissent la tranquillité, pour cette nuit, dans les quartiers du Panthéon et du Luxembourg ; les brigades Forey et Ripert gardent d'une manière imposante le faubourg Saint-Germain.

En post-scriptum. » Après avoir parcouru tous les emplacements occupés par la division, je retourne à mon quartier général

(École militaire), où j'attendrai des ordres en surveillant et présidant toutefois aux précautions pendant la nuit, si vous ordonnez que partie ou la totalité de la division ait à bivouaquer. »

Des tentatives de réunion avaient été faites sur d'autres points par quelques députés. Le général Sauboul, chargé de s'opposer à ces tentatives, écrivit le soir au commandant en chef de l'armée de Paris :

« Ainsi que vous le prescrivez par vos dépêches de ce jour, j'ai envoyé un demi-bataillon du 37ᵉ de ligne, 38, rue de Fleurus, chez M. Loisel, représentant, avec ordre au chef de bataillon d'inviter les représentants à se retirer, et dans le cas contraire, à les conduire à la prison Mazas ; ils devaient venir chez M. Loisel, mais aucun d'eux n'a paru.

« Un demi-bataillon du même régiment a été envoyé avec un ordre semblable à la mairie du 11ᵉ arrondissement pour aider le 6ᵉ bataillon de chasseurs à pied, lequel était commandé par le général Forey, à faire évacuer cette mairie. Le bataillon, après avoir escorté le général jusqu'au quai, est rentré au Luxembourg (1).

« Ainsi que vous m'avez autorisé à le faire, j'ai donné l'ordre au 30ᵉ de ligne, qui est caserné à l'Ourcine, de venir camper au Luxembourg. Les troupes de ce régiment, qui occupent les forts d'Ivry et de Bicêtre, sont consignées et prêtes à venir rejoindre au Luxembourg le gros du régiment. »

En marge de cette dépêche, et pour que l'état-major puisse prévenir le général Sauboul, le général Magnan écrivit :

Faites rentrer tout le monde, que les hommes se reposent.

Le reste de la journée du 2 décembre se passa assez tranquillement. Tout semblait donner gain de cause au prince Louis.

Vers quatre heures de l'après-midi et avant de retirer les troupes, ainsi qu'il en avait reçu l'autorisation du ministre de la guerre, Magnan résolut de faire faire une démonstration

---

(1) Nous dirons, en terminant l'histoire du coup d'État, la conduite que l'on tint avec les représentants arrêtés et où ils furent conduits.

imposante par la division de cavalerie de réserve du général Korte.

Nous avons dit que cette magnifique division se composait des deux régiments de carabiniers et du 6ᵉ et 7ᵉ de cuirassiers.

On avait fait venir de Versailles ces quatre beaux régiments. Ils étaient établis aux Champs-Élysées.

La veille au soir, Saint-Arnaud, fort lié avec un des deux généraux de brigade de cette division, le comte d'Allonville, craignant que son ami ne couchât à Paris et ne voulant pas cependant trahir le secret du coup d'État, s'était approché de lui, dans les salons de l'Élysée, et l'avait averti en confidence que le lendemain une manifestation socialiste, du reste pacifique, devait avoir lieu en faveur des déportés de Noukahiva. Puis il avait ajouté :
— Partez, retournez à Versailles, car vous pourriez bien recevoir l'ordre de monter à cheval de bonne heure.

Il n'y avait que Saint-Arnaud pour imaginer pareille histoire.

La division Korte, appelée à Paris le 2 décembre, y arriva à trois heures. Le président la passa immédiatement en revue. Vers quatre heures et demie, au déclin du jour, cette grosse cavalerie descendit des Champs-Élysées, remonta les boulevards en colonne serrée, au pas et au trot, balayant tout devant elle. La voie publique était encombrée de curieux, comme toujours en pareille occasion. Les masses commençaient à paraître plus agitées et assez hostiles au président. Des jeunes gens parlaient dans les groupes et déblatéraient contre le prince. Le pas retentissant au loin des lourds chevaux des carabiniers, le cliquetis des sabres et bientôt après la vue des casques étincelants, des cuirasses dorées, sur lesquels se jouaient les dernières lueurs, présentèrent le tableau le plus imposant.

En tête de cette masse de cavaliers, dernier spécimen des chevaliers bardés offrant l'image de la force, se trouvaient quelques officiers d'état-major, et parmi eux le colonel Fleury portant l'uniforme de son régiment, le 1er de hussards. On crut que le prince Louis était dans le groupe. Un coup de fusil à vent fut tiré; la balle vint trouer le képi de Fleury.

La division Korte rentra à Versailles le soir. Elle se rendit le 4 aux Champs-Élysées.

Revenons au rôle joué pendant cette première journée par le prince Jérôme, le prince Napoléon et les autres parents du prince président.

Chez le neveu à l'Élysée, on était dans la joie ; aux Invalides chez l'oncle et chez le cousin, on était dans une tristesse sombre mêlée d'éclairs d'espérance.

Le vieux roi était rentré aux Invalides vers une heure, après la revue du président, revue où sa présence avait fait sensation. Jérôme sentait qu'il avait donné une véritable sanction, un véritable appoint au coup d'État qu'il semblait approuver. D'une part il était fier de s'être montré aux troupes, à cheval, comme au temps jadis, mais d'une autre côté il y avait le revers de la médaille.

« Qu'allait dire, pensait-il, le prince Napoléon ? Evidemment, lui Jérôme, en tenant une conduite si opposée à celle de son fils, ne pouvait manquer d'être blâmé, grondé, honni..... Aussi, plus il approchait de l'hôtel des vieux soldats, plus la faute qu'il avait commise eu égard à la conduite personnelle de monsieur son fils, lui apparaissait énorme. Le prince Napoléon, en effet, l'attendait dans ses appartements avec un de ses amis, le représentant Auguste de Plancy, très-dévoué alors au prince Napoléon et très-bonapartiste.

Le malheureux gouverneur des Invalides fut fort mal reçu par le prince de la Montagne.

« Si on ne vous avait pas vu avec Louis, lui disait ce dernier ne se possédant pas de colère et marchant à grands pas dans la galerie, vous seriez en ce moment maître de la situation. »

Puis, s'en prenant à l'aide de camp, qui en effet était bien un peu l'auteur du crime reproché :

« Oui, disait Son Altesse à son père, c'est lui qui vous a fait commettre cette faute ; vous faites tout ce qu'il veut, ce b..... là. »

Pendant ce temps, le coupable et ses autres camarades, mourant de faim, déjeûnaient en riant, se félicitant de la conduite du père et ravis de la fureur du fils.

Tout à coup M. Auguste de Plancy entre

dans la salle à manger, et s'adressant à l'aide de camp, le grand coupable :

« Vous faites de belles choses !

— Mais oui, lui répondit ce dernier, je vous sauve ; déjeunez donc, Plancy.

— Vous nous sauvez, vous nous sauvez !...

— Sans doute ; la famille du gouverneur, après ce que fait son fils, sans moi était f..... Si on n'avait pas vu le père auprès du président, que fût-il arrivé ?

— Tiens ! dit M. de Plancy en se mettant à table, c'est ma foi vrai ! Déjeunons. »

Et tout le monde de rire.

« C'est égal, ajouta le représentant, il est désagréable, quand on est membre de l'Assemblée, d'être balayé avec si peu de façons. »

Le soir, le dîner fut des plus gais à l'Élysée, des plus sombres aux Invalides.

A la table du vieux roi vinrent s'asseoir, outre les aides de camp, le prince de Canino, le comte Clary et le baron de Plancy. Le repas fut animé seulement par les boutades socialistes de M. Napoléon. Au dessert, une scène orageuse faillit se produire : Son Altesse prétendit que les officiers faisaient le métier d'agents de police.

Le colonel Damas, premier aide de camp du prince Jérôme, lui répondit vertement que les officiers n'arrêtaient pas, mais prêtaient main-forte ; que des propos de cette nature ne pouvaient être tolérés. En se levant de table, les officiers du gouverneur, s'étant consultés, vinrent offrir leur démission au prince Jérôme, mais ils trouvèrent le pauvre père si affligé qu'ils n'eurent pas le courage d'insister. Quant au prince Napoléon, il s'était éclipsé pour aller retrouver quelques amis politiques.

Il en est un dont nous tairons le nom, qui vit encore et a joué sous l'empire un certain rôle. Il allait de la rue d'Alger, 10, à l'Élysée, trahissant la rue d'Alger au profit de l'Élysée, en sorte que là on savait toujours ce qui se passait dans la famille Jérôme.

A la nuit tombante, les troupes d'infanterie regagnèrent leurs casernes. Instruits par l'histoire des émeutes précédentes, Saint-Arnaud, homme des plus fins, des plus habiles et des plus intelligents ; Magnan, général expérimenté, ne voulant pas fatiguer inutilement les hommes, résolurent de n'agir qu'au moment opportun.

On sentait néanmoins que tout n'était pas terminé et que les Parisiens n'abandonneraient pas la partie sans faire parler la poudre. Le titi, l'ouvrier et les nombreux aventuriers qui peuplent certains quartiers de la grande ville sont toujours prêts à la bataille.

D'ailleurs, les comités socialistes commençaient à se réunir. Le préfet de police, M. de Maupas, écrivait au général Magnan dans la journée :

« Les sections socialistes commenceront à dix heures du soir. Les principaux quartiers sont, pour les barricades, les faubourgs du Temple, Saint-Marceau, Saint-Antoine, la Bastille, barrière du Trône. Les sections sont convoquées pour dix heures. A dix heures quarante-cinq minutes chacun sera à son poste.

« Leurs munitions sont des bombes portatives à la main. Le 44e serait avec eux : trois cents hommes le suivent en criant : Vive la république sociale et pas de prétendant!

« Ils ont l'intention de sonner le tocsin dans plusieurs églises, on fait couper les cordes. La nuit sera très-grave et décisive. On a le projet de se porter sur la préfecture de police. Tenez du canon à ma disposition. Je vous le demanderai quand il me le faudra.

« *P. S.* Vos troupes manquent de vivres sur plusieurs points, la brigade du général Forey surtout ; c'est souvent par le manque de bien-être que les troupes sont disposées à faiblir.

« On veut sonner le tocsin. J'ai donné ordre de faire occuper les clochers. »

Le préfet de police, ainsi qu'on le voit par cette dépêche alarmiste, était fort perplexe. Il eût voulu empêcher Saint-Arnaud et Magnan de faire rentrer les troupes. Il n'obtint que le refus des deux généraux de dévier de leur sage plan, et la critique sarcastique du ministre de l'intérieur.

La nuit fut calme. Le 2 décembre au matin, M. de Maupas avait écrit à Saint-Arnaud :

« Mon cher ministre, veuillez prendre un arrêté qui me rende le pouvoir que m'enlève l'état de siége. C'est absolument indispensable et urgent. »

Saint-Arnaud avait mis en marge et à l'encre rouge :

« L'arrêté a été pris au conseil où se trouvait le ministre. En donner avis au bureau de la justice. »

A cinq heures cinq minutes du soir, le préfet avait encore écrit à Saint-Arnaud :

« Il serait de la plus haute importance qu'on pût négocier et obtenir l'adhésion des grands corps de l'État aux événements de la journée; tels que la Cour de cassation, la Cour des comptes, les maires de Paris. Ce n'est qu'après ces adhésions faites que la France a coutume de considérer une transformation comme un fait accompli.

« Je me charge des représentants enfermés au quai d'Orsay.

En marge : « On s'occupe de ces négociations. Elles sont en bonne voie.

Plus bas. « Il y en a encore aux affaires

étrangères (des représentants), il serait bon qu'ils pussent être mis ailleurs. »

La dépêche du préfet de police, où il est question du 44ᵉ de ligne, incriminant ce régiment alors commandé par M. Cuny, le général Magnan en écrivit aux généraux de la division qui avisèrent le colonel.

Ce dernier répondit la lettre ci-dessous pour prouver :

1° Que M. de Maupas était assez mal renseigné par ses agents et donnait trop d'autorité à leurs rapports.

2° Que dans l'armée on était unanime pour défendre la cause du président.

« Mon général, les rapports de police sont entièrement faux, du moins quant à mon régiment; je venais à l'appel du soir quand votre lettre m'est parvenue, il n'est sorti du quartier que les hommes qui ont porté la soupe aux hommes de service, ils sont tous rentrés après leur corvée avant la nuit. Il manque cependant à l'appel deux clairons, que l'on suppose sortis au moment de la corvée de soupe, en trompant la surveillance du sergent de garde.

Ce sont du reste deux bons sujets, et je ne doute pas qu'ils ne rentrent bientôt.

« Vos ordres sont exécutés, les trois compagnies qui doivent faire patrouille dans les quartiers Popincourt et Charonne sont prêtes. Trois autres sont commandées pour dix heures; on continuera ainsi toute la nuit, j'aurai l'honneur de vous rendre compte de tout ce qui se passera.

« Je serai sur pieds toute la nuit.

« J'avais donné des ordres pour commencer les votes demain matin de bonne heure, mais la prise d'armes de demain matin va les ajourner forcément. »

Une partie de la division Korte (2ᵉ carabiniers et 7ᵉ cuirassiers) fut placée au bivouac avec les 1ᵉʳ et 7ᵉ lanciers aux Champs-Élysées. Les 1ᵉʳ de carabiniers et 6ᵉ de cuirassiers occupèrent les écuries de l'École militaire. L'adjudant-major de semaine à ce quartier fit arrêter un représentant, M. de Blois, qui, en présence de la troupe, adressait les plus vifs reproches au général Wast-Vimeux, un des questeurs de la Constituante.

Nous avons dit que le colonel de Margadel, du 14ᵉ de ligne, des sentiments duquel on se méfiait, fut remplacé. Le général Magnan mit à l'ordre de l'armée le 2 décembre :

« Le général commandant en chef porte à la connaissance des troupes placées sous son commandement :

1° Que M. le lieutenant-colonel de Négrier, du 14ᵉ de ligne, a été nommé colonel du même corps, par décret du 2 du courant en remplacement de M. le colonel de Margadel, qui est mis en retrait d'emploi.

2° Que M. le capitaine Lenormand de Bretteville, du 15ᵉ léger, a été nommé chef de bataillon et placé comme tel au 6ᵉ bataillon de chasseurs à pied, par décret du même jour, en remplacement de M. le chef de bataillon de Castagny, mis en retrait d'emploi. »

Le 2 décembre 1851.

Cet ordre parut maladroit à l'Élysée et à la rue Saint-Dominique. Il fut annulé et remplacé, trois jours après, le 5 décembre, par le suivant, mais c'était un peu tard et un peu moins adroit.

L'ordre du jour en date du 3 décembre courant n° 74 est annulé et doit être remplacé par l'ordre du jour ci-après portant le n° 75.

Le général commandant en chef porte à la connaissance des troupes sous ses ordres que, par décrets du 3 décembre courant :

M. de Négrier, lieutenant colonel du 14° de ligne, a été nommé colonel du même corps en remplacement de M. de Margadel.

M. Broutta, major du 24° de ligne, est nommé lieutenant colonel du 14° de ligne.

M. Lenormand de Breteville, capitaine au 15° léger, est nommé chef de bataillon au 64° de ligne.

M. Lecoq, capitaine au 41° de ligne, est nommé major au 24° de ligne.

Comme on voulait laisser au colonel Espinasse toute facilité pour les arrestations qu'il devait faire dans la nuit du 1er au 2, à l'Assemblée même, on fit relever son régiment, le 42° de ligne par le 15° léger de la brigade Ripert, le 1er décembre. Le colonel de ce dernier corps étant plus ancien que M. Espinasse, le commandement, à l'Assemblée, lui revenait de droit. Cependant, le colonel du 42ᵉ ayant un ordre spécial, le général Ripert crut devoir demander des instructions, et cette circonstance faillit causer quelque *imbroglio* dangereux. Il faut si peu de chose, en pareille circonstance, pour faire échouer la plus habile combinaison.

Le général Ripert écrivit donc au commandant en chef Magnan :

« J'ai l'honneur de vous accuser réception de votre dépêche n° 3101, par laquelle vous me donnez avis que le 15ᵉ léger viendra remplacer à l'Assemblée nationale le 45ᵉ de ligne qui rentrera dans ses casernes à la nuit.

« Je vous prie de vouloir bien me faire connaître si M. le colonel du 42ᵉ de ligne doit céder le commandement de l'Assemblée à M. le colonel du 15ᵉ léger. — *Le colonel Espinasse a un ordre spécial du ministre.* »

On répondit en maintenant à Espinasse le commandement qu'il exerçait à l'Assemblée.

Quelques anecdotes relatives à cette première journée.

Le général Magnan ne connut que le lundi

1ᵉʳ décembre à minuit que le coup d'État était décidé pour le lendemain.

Le prince président, à onze heures et demie, prit le général par le bras dans les salons de l'Élysée et le mena dans son cabinet. Là, il lui laissa exposer sa manière de voir et son opinion sur la situation et sur ce qu'il y avait à faire; puis, voyant que Magnan abondait dans ses idées, il lui dit :

« Eh bien, mon cher général, j'ai compris votre pensée, nous sommes du même avis. Voici ce que j'ai décidé. » Et il lui développa son plan pour le lendemain.

Le prince Jérôme, ainsi que nous l'avons dit, ne fut prévenu de rien. Il répétait souvent à ses officiers que son neveu ne devait pas se retirer et abandonner une belle partie ; qu'il devait faire un appel au peuple, etc. Lorsqu'il apprit le coup d'État, dont il ne savait pas le premier mot, il fut stupéfait, puis furieux, puis voulut faire croire que son neveu l'avait prévenu. La vérité est qu'il n'en savait rien. Il s'écria alors dans un moment d'amusante franchise :

« Louis m'a fait jouer un rôle de comparse. »

Cavaignac ne fut pas très-fâché d'avoir été arrêté. Sans son arrestation, son rôle politique eût été difficile. Changarnier commença par menacer de ses pistolets l'officier commandant le détachement chargé de son arrestation ; puis il dit gaiement : « Ma foi, j'ai bien fait d'aller voir Mlle de la Seiglière ; il était temps. » Le président Dupin eut soin de se tenir en chartre privée. Espinasse se chargea de le satisfaire.

Le prince Pierre, frère cadet du prince de Canino de la constituante romaine, second fils de Lucien Bonaparte, celui qui a tué Victor Noir d'un coup de révolver, voyait peu le président. Il était revenu sans ordre de Zaatcha, laissant, pour reprendre son poste à la constituante, le bataillon de la légion étrangère dont il était le chef.

Le prince Pierre, brave de sa personne, défendait son cousin, par esprit de famille, chaque fois qu'il en trouvait l'occasion, tout en faisant une vive opposition politique au président.

Il agissait en sens inverse de son parent le prince Napoléon. Le 2 décembre, il était à peine rétabli d'une chute de cheval faite en allant chercher un médecin pour un ami malade. Il vint cependant aux Invalides consulter son oncle, se tenant à peine, et il fut solliciter à l'Élysée le commandement d'un bataillon pour combattre en faveur du prince Louis.

Le prince Louis Lucien, connu sous le nom du chimiste, plus tard sénateur, troisième fils de Lucien du premier empire, et son dernier frère, Antoine, ne parurent nulle part.

La princesse Mathilde et la famille Murat se rangèrent franchement du parti du prince Louis.

LIVRE III

JOURNÉE DU 3 DÉCEMBRE 1851

Lettre de Saint-Arnaud à Magnan. — Ce dernier, investi du commandement supérieur de la 1re division territoriale. — Rapports du préfet de police. — Les mesures prises par l'autorité militaire faussement interprétées par les sociétés secrètes, aussi bien que par M. de Maupas. — Dépêches de ce dernier. — On n'en tient nul compte. — Rapport du colonel de Lourmel. — Dispositions prescrites aux généraux Sauboul et Marulaz. — Nouveau rapport du préfet de police. — Affiche présentant les résolutions adoptées au dixième arrondissement. — Barricade au carrefour Saint-Antoine. — Le général Marulaz la fait enlever. — Le représentant Baudin y est tué. — Rapport du général Levasseur. — Dépêches du préfet de police. — Effet qu'elles produisent sur Saint-Arnaud, Magnan et de Morny. — Le prince Jérôme. — Son embarras. — Le prince Napoléon. — M. Boulay de la Meurthe. — Anecdotes. — Lettre curieuse de Magnan à Saint-Arnaud. — Notes dictées par Magnan ou écrites par lui relativement aux ordres à donner pour les dispositions du lendemain. — Le 3e léger et le général Stanislas Cavaignac. — Les deux Cavaignac. — Le vieux Cavaignac. — Lettre de Saint-Arnaud. — Plan habile du général en chef. — Erreur des chefs des sociétés secrètes. — Depêche du préfet du police. — Lettre du colonel Beauval. — Les représentants arrêtés le 2 et le 3 décembre. — Ce qu'ils devinrent. — La prison de Ham préparée dès le 17 novembre. — Lettre du capitaine Broyelle à Saint-Arnaud. — Convoi des principaux personnages. — Ils sont mis en liberté les 8 et 9 janvier 1852. — La garnison du fort (48e de ligne). — Le capitaine Baudot. — Lettres du général Courtigis, commandant à Vincennes. — Spirituelle réponse de Saint-Arnaud.

La nuit du 2 au 3 décembre fut calme. Cependant les sociétés secrètes ne perdirent pas de temps pour chercher à organiser la défense. Quant aux représentants hostiles à l'Élysée, ils étaient presque tous arrêtés.

Le matin, Saint-Arnaud écrivit de sa main à Magnan :

« Mon cher général, vous faites bien de laisser dans leurs casernes les troupes se reposer, mais qu'elles y restent consignées, et qu'elles soient prêtes au premier signal. Même disposition pour la division de cavalerie de Versailles.

« Je vous investis du commandement supérieur de la 1re division militaire. »

En effet, le général Magnan fut immédiatement mis à l'ordre de l'armée.

Le ministre de la guerre et le général en chef ne s'étaient pas couchés. Dès huit heures du matin, ils commencèrent à recevoir les rapports des généraux et du préfet de police.

Ce dernier écrivit à Saint-Arnaud à sept heures vingt-deux minutes :

« La nuit a été aussi calme que possible ; que sera la matinée ? La question se jugera entre sept et huit heures. Il est certain que les chefs des barricades seront à leur poste. Oseront-ils prendre l'offensive ? J'espère que non. Plusieurs hommes importants de la Montagne sont partis cette nuit pour la province, les uns par peur, les autres pour y faire de la propagande. Il faut nous attendre dans la matinée à voir afficher et distribuer les résolutions prises au 10e arrondissement par les 218 sur le prétendu arrêt (qui n'a pas été) de la haute cour de justice. Nous veillerons à en empêcher la distribution par des arrestations. Toute la nuit j'ai fait opérer d'importantes arrestations, tant de représentants que de chefs d'associations. J'ai fait enlever des réunions tout entières, où l'on distribuait des munitions de guerre et préparait la résistance de ce matin.

« Nos 218 sont, à quelques-uns près, écoulés sur le mont Valérien, Mazas et Vincennes. J'en ai mis quelques-uns en liberté. J'ai dans les mains le manuscrit de leurs résolutions prises au 10e. Avez-vous songé à constituer un conseil de guerre? Est-ce qu'il y a déjà dislocation dans le ministère ? il faudrait des actes qui révélassent son existence. »

Cette dépêche, comme beaucoup de celles de M. de Maupas, trahit des craintes exagérées. Cependant, il est positif que l'on se préparait à Paris à la résistance.

Pendant la première journée, les sociétés secrètes, les comités, les représentants avaient été surpris ; leurs efforts, mal dirigés et sans cohésion, ne pouvaient qu'échouer devant des ordres bien donnés par des hommes tels que Saint-Arnaud et de Morny, et vigoureusement exécutés par la troupe alors toute dévouée au prince président.

Voyant les régiments rentrés dans leurs casernes, les émeutiers et les chefs de barricades, les comités socialistes, pensèrent que l'autorité militaire, sûre de la victoire et croyant tout terminé, avait retiré l'armée, son rôle étant fini. On semblait en effet leur laisser le champ libre. Ils résolurent d'agir. Ils ne se doutaient nullement alors que la mesure prise avait pour but de ne pas fatiguer les défenseurs de l'ordre, chose que l'on n'avait jamais eu encore la sagesse de faire. Saint-Arnaud, de Morny et Magnan ne voulaient pas disséminer leurs forces et frapper à droite et à gauche, mais les tenir réunies et donner un coup de massue au moment opportun.

Le préfet de police ne comprit pas d'abord cette habile tactique. Sans s'en douter, et fort innocemment, il eût facilement joué le jeu de ses adversaires, éparpillé la troupe sur tous les points, si on eût obtempéré à ses désirs. « Le but de l'émeute, écrivait-il à dix heures du matin à Magnan, est d'enlever Mazas. Il y faut du canon, des troupes. Il n'y a pas une minute à perdre. Le faubourg Saint-Antoine est en pleine insurrection ; mais *Mazas* surtout, *Mazas!...* »

Ce double cri de détresse fit sourire Saint-Arnaud, Morny et Magnan. Les sociétés secrètes se souciaient bien vraiment alors des représentants arrêtés au 10° arrondissement et transférés à cette prison !

Le général Magnan était d'autant moins inquiet sur Mazas, qu'il venait de recevoir, en même temps que la dépêche pleine d'anxiétés de M. de Maupas, un rapport du colonel de Lourmel, commandant le 51° de ligne et daté de quatre heures moins cinq minutes du matin.

« J'ai l'honneur, écrivait de Lourmel, de vous informer que tous les environs de la prison de Mazas paraissent très-calmes et très-tranquilles. En traversant le boulevard, et particulièrement entre les rues Saint-Martin et Saint-Denis, quelques cris de *Vive la République, Vive la Constitution,* ont été proférés par des hommes en blouse. La circulation se fait très-bien, et je n'ai pas aperçu de rassemblements sur tout le trajet des Tuileries à la prison Mazas. »

Magnan, ne voulant pas laisser l'émeute s'établir définitivement dans le faubourg Saint-Antoine, prescrivit d'envoyer sur la place de la Bastille la brigade Marulaz, et au faubourg Saint-Jacques des troupes de celle de Sauboul.

Bientôt, arriva au quartier général un autre rapport du préfet de police. Il portait la date de onze heures et demie. Le voici :

« Le déploiement de forces a fait merveilles. Toutes les barricades ont été enlevées. Le faubourg Saint-Antoine est à peu près dégagé. J'apprends que déjà les meneurs tâchent de rallier leurs troupes. Ménilmontant semble être leur point de ralliement. Nous avons opéré plusieurs arrestations importantes, celle entre autres de *Croce Spinelli*, qui embauchait des soldats pour l'émeute.

« Midi dix minutes.

« Les commissaires revenant du faubourg du Temple affirment que, si j'avais eu une demi-heure de retard dans les mesures prises, ce faubourg eût été au pouvoir de l'émeute.

« L'énergie de la répression a jeté la consternation parmi nos ennemis. On m'annonce que des proclamations s'impriment au *Siècle* et vont se répandre dans Paris. J'ai envoyé un commissaire pour supprimer les presses et saisir tout ce qui sera trouvé.

« Le colonel de la garde républicaine reçoit l'ordre de consigner sa cavalerie dans les quartiers, pour qu'elle soit prête à se rendre sur les positions du combat prévues pour le cas d'alerte. Il est important qu'on ne se dégarnisse pas de ses forces. Veuillez donner contre-ordre et informer le général Dulac. La cavalerie est déjà ici et il est indispensable qu'elle reste à ma disposition.

« Des rassemblements se forment sur la place de l'École-de-Médecine et de la Sorbonne. »

Le général Magnan mit en marge :

« J'ai donné des ordres pour que la cavalerie de la garde républicaine soit à la disposition du préfet de police.

« J'ai déjà écrit au général Sauboul de surveiller les faubourgs Saint-Jacques et Saint-Marceau et d'agir avec vigueur.

« Les émeutiers sont passés du faubourg Saint-Antoine au faubourg Saint-Jacques. Ils y seront aussi mal reçus. L'ardeur et l'élan des troupes est admirable, je n'ai qu'à les contenir. »

Il envoya ce rapport avec l'annotation à Saint-Arnaud et lui écrivit :

« Monsieur le Ministre, j'ai l'honneur de vous faire parvenir ci-inclus le rapport que je viens de recevoir de M. le préfet de police sur ce qui s'est passé pendant la nuit. Il en résulte qu'elle a été tranquille.

« Vous trouverez également ci-inclus une affiche dont il est question dans ce rapport et qui m'a été remise par mon commissaire de police, qui venait de l'arracher.

« M. le préfet de police paraît craindre des rassemblements ce matin sur la place de la Bastille et dans les rues adjacentes. J'écris au général Levasseur de faire prendre position à la Bastille à la brigade Marulaz, et à la brigade

Herbillon à l'Hôtel de ville, et de m'aviser de tout ce qui surviendrait.

« Quant aux troupes des deux autres divisions, je pense qu'il convient de les laisser dans leurs casernes pour ne pas les fatiguer. »

En post-scriptum : « Ci-inclus les explications données par le colonel du 44ᵉ de ligne sur un fait qui avait été signalé par la police relativement à son régiment et qui ne s'est pas trouvé exact. »

Nous avons fait connaître plus haut la réponse du colonel.

Voici maintenant la teneur de l'affiche envoyée au ministre de la guerre :

RÉPUBLIQUE FRANÇAISE. — ASSEMBLÉE NATIONALE.

Réunion extraordinaire, tenue à la mairie du 10ᵉ arrondissement.

« Vu l'article 68 de la Constitution portant :
« Le président de la république, les agents et dépositaires de l'autorité publique, sont responsables, chacun en ce qui les concerne,

de tous les actes du gouvernement et de l'administration ;

« Toute mesure par laquelle le président de la république dissout l'Assemblée nationale, la proroge, ou met obstacle à l'exercice de son mandat, est un crime de haute trahison ;

« Par ce seul fait, le président est déchu de ses fonctions ; les citoyens sont tenus de lui refuser obéissance ; le pouvoir exécutif passe de plein droit à l'Assemblée nationale ; les juges de la haute cour de justice se réunissent immédiatement à peine de forfaiture ; ils convoquent les jurés dans le lieu qu'ils désignent pour procéder au jugement du président et de ses complices ; ils nomment eux-mêmes les magistrats chargés de remplir les fonctions du ministère public ;

« Une loi déterminera les autres cas de responsabilité, ainsi que les formes et les conditions de la poursuite ;

Attendu que l'Assemblée nationale est empêchée par la violence de remplir son mandat,

Décrète :

« Louis-Napoléon Bonaparte est déchu de

ses fonctions de président de la république. Les citoyens sont tenus de lui refuser obéissance. Le pouvoir exécutif passe de plein droit à l'Assemblée nationale. Les juges de la haute cour nationale sont tenus de se réunir immédiatement à peine de forfaiture, pour procéder au jugement du président et de ses complices. En conséquence, il est enjoint à tous les fonctionnaires et dépositaires de la force et de l'autorité d'obéir à toute réquisition faite au nom de l'Assemblée nationale sous peine de forfaiture et de haute trahison.

« Fait et arrêté à l'unanimité en séance publique le 2 décembre 1851.

« Signé : Benoist d'Azy, président ; Vitet, vice-président ; Moulin et Chapot, secrétaires. »

Les brigades Marulaz et Herbillon ne tardèrent pas à être engagées, et un combat d'escarmouche, avant-coureur de la bataille du lendemain, eut lieu au faubourg Saint-Antoine et dans les rues du Temple et de Rambuteau.

Le général Marulaz venait de prendre position sur la place de la Bastille, ainsi qu'il en avait reçu l'ordre, lorsqu'on le prévint qu'une barricade s'élevait au carrefour du faubourg Saint-Antoine et des rues de Cotte et Sainte-Marguerite.

Aussitôt, il lance dans cette direction trois compagnies du 19ᵉ léger, sous les ordres du commandant Pujol, et lui-même, s'avançant au pas de course avec un bataillon du 44ᵉ de ligne, par la rue de Charonne, appuie le mouvement de façon à déboucher sur cette barricade par la rue de Cotte.

En tête du rassemblement se trouvent trois représentants, tous trois appartenant au parti de la Montagne. Dès que la troupe paraît, les émeutiers font une déchage qui blesse un soldat du 44ᵉ. Aussitôt le bataillon fait feu à son tour, et le représentant Baudin, frappé d'une balle au front, tombe mort. La barricade est enlevée.

A une heure et demie, le général Levasseur rendait compte de ce fait au commandant en chef par la dépêche ci-dessous, transmise immédiatement par ce dernier au ministre de la guerre :

« Mon général, j'ai l'honneur de vous donner ci-après les renseignements que je reçois de M. le général Marulaz sur la barricade du faubourg Saint-Antoine.

« Prévenu que l'on faisait une barricade au coin de la rue de Cotte et du faubourg, et que des représentants revêtus d'écharpes excitaient les ouvriers à l'insurrection, le général Marulaz porta aussitôt sur ce point trois compagnies du 19ᵉ léger, commandées par le chef de bataillon Pujol ; une portion de sa brigade tournait en même temps la barricade des rues de Charenton et de Cotte.

« Une quinzaine de coups de fusils ont été tirés à l'approche de la troupe, un soldat a été tué, un autre blessé. Le représentant *Baudin* a été tué sur la barricade, qui a été immédiatement détruite ; la circulation a été rétablie sur-le-champ.

« Deux autres représentants ont été vus prêchant l'insurrection et faisant construire des barricades au coin des rues de Charonne et Saint-Bernard. Elles ont été immédiatement enlevées. Une femme a été grièvement blessée.

« Le poste du marché Lenoir s'est replié sur Reuilly. Deux hommes portant des consignes ont été désarmés. Ces armes ont été reprises.

« Tout porte à croire que la mort du représentant Baudin produira un excellent effet, et que l'appel aux armes ne trouvera pas d'écho.

« Le général Marulaz est établi dans ce moment entre le carrefour Montreuil et la Bastille, pour maintenir complétement le faubourg.

« Le représentant et le soldat tués ont reçu une balle à la tête. Un insurgé a pu s'échapper.

« Tout est calme dans ce moment dans le faubourg. Les curieux abondent ; mais les hommes sérieusement disposés à combattre semblent rares, pour le moment du moins.

« De nouveaux renseignements que je reçois à l'instant par des agents de police que j'avais envoyés, m'apprennent que le 6ᵉ cuirassiers vient d'arriver sur la place de la Bastille et d'y prendre position. Le 44ᵉ de ligne a battu le faubourg. Les groupes se dispersent sans la moindre difficulté et n'opposent pas la moindre résistance. »

P. S. « Les rapports sur la situation des

diverses barrières de Paris qui viennent d'arriver à la préfecture de la Seine, et que je me suis fait communiquer, constatent que les entrées et les sorties ont lieu dans la même proportion que les jours ordinaires. Les ouvriers vaquent à leurs travaux, et l'on ne remarque ni agitation ni affluence insolite dans les cabarets avoisinant les barrières.

« Ayant appris que la maison du marchand de vin qui fait l'angle de la rue des Billettes et de la rue Sainte-Croix de la Bretonnerie était un des lieux de réunion de l'association des ouvriers chapeliers, des agents de police et deux compagnies s'y sont transportés et ont arrêté quinze individus. »

Dans l'après-midi, on faisait également des tentatives pour construire des barricades dans les rues du Temple, de Rambuteau, Beaubourg, etc. Le général Herbillon, prévenu, donne aussitôt ses ordres. Il quitte la place de l'Hôtel-de-ville, à la tête d'une colonne formée du 9ᵉ bataillon de chasseurs à pied et d'une bouche à feu. Un autre bataillon, appartenant au 6ᵉ léger, opère d'un autre côté. Tous les obstacles sont bientôt renversés sur le passage des deux petites colonnes.

On était parvenu assez promptement et assez facilement à se rendre maître de la situation et à dominer ce commencement de résistance ; néanmoins il était évident que cette résistance n'était pas à son apogée.

Vers quatre heures dix minutes, M. de Maupas envoie le rapport ci-dessous au général Magnan :

« Général, on commence des barricades dans la rue de Rambuteau à la hauteur des rues Saint-Denis et Saint-Martin. Des voitures ont été arrêtées et des omnibus renversés. On affirme que Madier de Montjeau n'est pas tué et qu'il est dans les groupes. Le cri *Aux armes* est poussé au coin de la rue Grénetat. Le point de rassemblement général est en ce moment le quartier Saint-Martin. Il paraît certain qu'une troupe choisie dans les hommes d'action est convoquée en armes vers cinq heures au carré Saint-Martin, et que les meneurs de cette troupe ont annoncé qu'il était question de s'avancer sur la Présidence. On annonce les bruits de la mort de Charras et de Bedeau. On prétend aussi que les patriotes rouennais arrivent et que Ledru-Rollin est dans les faubourgs.

« Des barricades se forment rue Saint-Merry, rue Quincampoix. On dit que le poste du Châtelet rabat vers la préfecture de police. (Je vous donne ce dernier renseignement sous toutes réserves.) »

Le général Magnan, avant d'envoyer cette dépêche au ministre de la guerre, mit en marge de sa main :

« Je donne l'ordre au général Carrelet d'enlever les barricades avec les brigades Bourgon et de Cotte. »

Les renseignements fournis au préfet de police par ses agents étaient faux, et il serait fort possible que les bruits absurdes colportés en ce moment eussent une origine que nous ne tarderons pas à faire connaître.

La seule escarmouche qui eut encore lieu dans cette journée, se passa dans la rue Beaubourg. Le soir, à la nuit tombante, le colonel Chapuis, du 3ᵉ de ligne, prenant avec lui un bataillon de son régiment et une compagnie du génie, parcourut de nouveau ces quartiers. Sa troupe et lui essuyèrent un feu très-vif, qui ne put arrêter leur élan. Tous les obstacles, barricades ébauchées, etc., furent enlevés et les défenseurs passés par les armes.

A peine informé de cette dernière circonstance, le préfet de police écrivit au général en chef :

« De plusieurs points, et avec un égal cachet de vraisemblance, je suis informé de complot contre la vie du président. Les précautions doivent être extrêmes. Tout l'avenir du pays repose sur une seule tête.

« Les derniers rapports des points les plus agités eux-mêmes sont au calme, au moins pour quelques heures. »

Cette dépêche était en contradiction avec celle envoyée à Saint-Arnaud ; mais une demi-heure plus tard le préfet de police mandait :

« (Huit heures). La physionomie change.

L'agitation reparaît. Les barricades vont commencer. Je ne crois pas que ce soit encore pour cette nuit la grosse bataille. *Cependant il ne faut pas négliger les* précautions. »

Cette phrase fit sourire les deux ministres et Magnan. Au bas de la lettre on lisait encore:

« Supplément :
« Les barricades recommencent avec *intensité*. Les feux de peloton sont nourris vers la rue Bourg-l'Abbé. *Le général Levasseur est sur pied.* »

Dans tous les drames il faut un rôle comique. Le comte de Morny envoya cette dépêche au ministre de la guerre, après avoir écrit en marge à l'encre rouge :

« Il n'y a pas eu de feux de peloton, et *surtout des feux nourris.* »

A huit heures et demie du soir et à neuf heures dix minutes, nouvelles dépêches de Maupas à Morny :

« Il m'a été de toute impossibilité d'empêcher la proclamation de la Montagne de paraître. Cela n'est pas un mal. Il est à désirer que ce soit de ce côté que viennent les violences. Il faut encore un coup de force dans cette direction. Je donne des ordres pour faire arrêter toute la Montagne.

« Les rapports les plus satisfaisants arrivent de tous les points de Paris. Les mesures d'énergie prises par l'autorité ont produit un effet immense ; nous en recueillons les fruits. Les ouvriers font procession pacifique pour se rendre à leurs travaux. Le commerce, la bourgeoisie, la boutique, le peuple même, maintenant, paraissent accepter avec satisfaction les événements accomplis. »

Cet infortuné préfet de police mettait toujours à côté de la vérité. Vers neuf heures du soir, à l'inverse de ce qu'il écrivait, la résistance s'organisait sur une grande échelle.

Saint-Arnaud, de Morny et Magnan, informés d'une façon plus précise et plus vraie par leurs agents, prenaient toutes leurs dispositions pour la lutte du 4 décembre.

Les généraux de division étaient convoqués

pour le lendemain de grand matin au quartier général, au Carrousel. Le général Levasseur écrivait à Magnan, précisément à l'heure (onze heures) où M. de Maupas envoyait son dernier et satisfaisant rapport :

« Mon général, je reçois à l'instant votre lettre, qui m'autorise à me rendre aux Tuileries demain de quatre à huit heures. Des rapports me parviennent de tous côtés sur la formation de barricades dans les rues Rambuteau, du Petit-Lion, etc.—J'apprends que l'on a enfoncé les portes d'un grand nombre de gardes nationaux de la 4ᵉ légion pour prendre leurs armes.

« Il importe, mon général, que je vous voie de suite. Veuillez m'y autoriser, je vous en prie, je n'en viendrai pas moins demain, si cela est nécessaire.

« Répondez-moi, je vous prie, par le porteur de la présente. »

Avant de faire connaître les habiles dispositions prises par Magnan le 3 décembre au soir, les ordres vigoureux donnés pour le jour suivant, voyons comment cette journée du 3 s'était passée aux Invalides.

Là se trouvaient deux courants opposés.

Le prince Jérôme, comprenant enfin que de a victoire ou de la défaite de son neveu dépendait pour lui et les siens, comme le lui avait dit son aide de camp, le pouvoir ou l'exil, faisait des vœux, dans le fond de son cœur, pour la réussite du coup d'État. Autour de lui se groupaient des hommes fanatiques du premier empire, qui auraient volontiers brûlé un cierge à S. Napoléon pour que le prince Louis montât le jour même sur le trône du grand homme. De ce nombre, les Boulay de la Meurthe, vice-président de la République, les Casabianca, ancien ministre d'État, les Clary, etc.

Voilà pour le premier courant. Voyons le second.

Le prince Napoléon, plein de haine pour son cousin depuis ses mésaventures méritées, se croyait de taille, dans un moment donné, à dominer la situation, en s'appuyant sur le parti démagogique qu'il caressait. Il demandait à haute voix la défaite de son parti, sans se rendre compte que, l'Élysée abattu, il ne pouvait plus y avoir de Bonaparte, non-seulement aux Invalides, mais en France. Agir comme il le faisait, c'était donner la main à ses ennemis ; c'était, en un mot, et suivant l'expression triviale consacrée, *cracher en l'air pour que cela vous retombe sur le nez*. Autour de lui gravitaient M. de Girardin, plein d'ambition, sentant sa valeur et désireux de se venger du président ; le prince de Canino, resté l'homme de la Constituante romaine, se croyant obligé de sacrifier aux opinions républicaines de son père Lucien, et s'imaginant, comme le prince Napoléon, être assez fort, assez populaire, pour devenir à son tour chef de l'État.

Mais si le prince Jérôme faisait tout bas des vœux pour le président, il n'osait les exprimer devant son fils. Le malheureux père était donc obligé de louvoyer entre deux écueils. Il employait à se maintenir bien avec l'Élysée, et bien avec la rue d'Alger, toutes les ressources de son esprit souple et italien.

Quant au prince Napoléon, il cassait alors les vitres, *en paroles*, tout en étant très-fier de son titre d'Altesse. Il enrageait de ne pas émarger au budget de l'État. Le prince de Canino et lui ne devaient pas se faire faute bientôt de puiser dans la cassette de l'empereur. Toute la matinée s'écoula sans que le prince de la Montagne parût chez son père. Vers deux heures de l'après-midi, M. Boulay de la Meurthe, un des fidèles des membres de la famille Bonaparte, à quelque branche qu'ils appartinssent, vint aux Invalides. Le vice-président de la république était un excellent et brave homme, mais le premier homme de paille du prince Louis et choisi dans cette intention par le futur empereur. Il était, malgré ses fonctions nominales, tout au parti de l'Élysée.

M. Boulay de la Meurthe, accompagné du prince Pierre, était à la fenêtre de la chambre du prince Jérôme, et avec lui, lorsque le 6ᵉ bataillon de chasseurs à pied, se dirigeant de l'École militaire au Luxembourg et au Panthéon pour renforcer la brigade Sauboul, passa rapidement sur l'esplanade des Invalides.

Le vice-président se hâte de reprendre sa voiture et de se rendre chez lui, rue de Vaugirard, presque en face le jardin du Luxembourg, voulant, disait-il, monter à cheval, combattre pour la famille du grand Napoléon, et vaincre ou mourir pour elle, les armes à la main. Ses opinions politiques, ou plutôt bonapartistes, frisaient le fanatisme. Le prince Pierre quitta également son oncle Jérôme pour aller à l'Élysée.

« Napoléon, disait le soir dans son salon à un de ses officiers le vieux roi Jérôme en parlant de son fils, Napoléon n'est pas un sauteur comme Canino et Pierre. Il n'a pas été à l'Élysée. — Il eût mieux valu pour le prince, répondit l'officier, qu'on l'eût vu avant-hier auprès de son père et de son cousin que dans les clubs et au milieu des hommes à barricades. »

Vers trois heures, le prince de la Montagne parut.

Il était ou affectait d'être rayonnant. Deux de ses fidèles l'accompagnaient. L'un d'eux semblait soucieux. Interrogé par l'aide de camp de service, il répondit : « Le prince se perd, il se mêle à toute la canaille de Paris.

— Eh bien, s'écria le prince Napoléon en entrant chez son père, ce n'est pas fini. Les barricades s'élèvent, les sociétés vont donner, les faubourgs s'agitent. Neumayer marche sur Paris avec quinze mille hommes, il arrive. Castellane a refusé d'adhérer au coup d'État. La cour de cassation s'est formée en haute cour pour mettre en accusation et juger Louis. Cela va chauffer. »

Le prince Jérôme souriait ; les officiers présents à cette scène haussaient les épaules. Le prince Napoléon croyait-il véritablement aux bruits ridicules répandus dans le public, et dont on a vu le reflet dans les dépêches du préfet de police ? cela n'est pas probable. Ce jeune homme avait une trop haute intelligence pour ne pas reconnaître la fausseté de tous ces contes. Il nous paraît plus probable d'admettre que lui et les siens étaient les auteurs de ces absurdités ; que lui et son parti s'efforçaient de répandre toutes les absurdités pour aider au soulèvement des masses inintelligentes.

Le soir, à dix heures, un des intimes du fils de Jérôme vint également aux Invalides, racontant les mêmes billevesées et bien d'autres.

Il arrivait, disait-il, des boulevards ; la déchéance du président était affichée partout, les représentants partaient pour Amiens ; le lendemain le président serait immanquablement à Vincennes.

Comme l'entourage du gouverneur n'était pas tenu vis-à-vis l'ami du prince Napoléon aux égards dus à ce dernier, toutes ces histoires furent accueillies par un fou rire, et un plaisant dit au narrateur : « Si vous allez à Amiens avec les représentants, n'oubliez pa de nous rapporter un nouveau canard un peu moins épicé. »

Dans la soirée du 3, de sept à huit heures, les troupes qui avaient pris pendant la journée les positions assignées à chacune d'elles pour le combat furent retirées. A peine étaient-elles dans leurs casernes que, sur le boulevard du Temple, le théâtre Lyrique fut envahi par une trentaine de pillards demandant des armes, brisant portes et fenêtres et traînant les cadavres requis pour toute mise en scène d'émeute populaire.

Tandis que cette petite comédie se jouait au loin, le général en chef de l'armée de Paris, investi de pleins pouvoirs sur la première division militaire, ayant combiné son plan pour le lendemain, dictait aux officiers de son état-major général les ordres qui devaient être transmis, la nuit même, aux généraux.

A sept heures et demie du soir, après avoir envoyé les ordres pour le lendemain, il écrivit de sa main à Saint-Arnaud :

« Monsieur le ministre,

« Il faut en finir et rendre la tranquillité et la confiance à la population de Paris.

« J'ai l'honneur de vous rendre compte que j'ai donné l'ordre aux troupes de l'armée de Paris de prendre demain matin, à dix heures, leurs positions de combat.

« Aujourd'hui les émeutiers, n'ayant trouvé des troupes nulle part, se sont réunis au faubourg Saint-Antoine, si calme hier. Repoussés dans leurs tentatives, ils sont allés agiter le quartier Saint-Martin. Traqués sur ce point, ils sont allés à la rive gauche remuer les faubourgs Saint-Jacques et Saint-Marceau.

« Aujourd'hui, les troupes n'arrivaient sur

le terrain de l'émeute que lorsqu'elle s'y était produite. Demain les troupes seront partout à leur poste de combat. Partout où elle osera se manifester, l'émeute sera réprimée. Partout et en même temps les rassemblements seront énergiquement dissipés ; les perturbateurs punis ou mis dans l'impossibilité de mal faire. La population retrouvera confiance et sécurité. Beaucoup de boutiques ont été fermées aujourd'hui ; demain, aucune ne le sera. Il faut en finir, je le répète ; il ne faut pas que l'anxiété dure plus longtemps. »

Voici maintenant le billet dicté par le général Magnan à l'un de ses officiers et écrit par ce dernier.

Ce billet existe encore aujourd'hui.

« A dix heures du matin toutes les troupes en position de combat. La brigade Ripert, au lieu de se rendre dans la cour des Tuileries et à la pointe Saint-Eustache, restera à la disposition du général Renault, qui aura son quartier général au Luxembourg, *dès dix heures*. La brigade Ripert sera sur la place Saint-Sulpice.

« *Au général Carrelet*. — Donner l'ordre au général Dulac de retirer tous les petits postes qui pourraient être compromis, surtout celui de la pointe Saint-Eustache.

« *Aux trois généraux*. — Faire rentrer toutes les troupes dans leurs quartiers. Qu'elles se reposent cette nuit. Laissez faire toutes les barricades qui pourront être faites. Ne cédez à aucune réquisition de troupes. Demain à dix heures l'armée de Paris enlèvera avec du canon toutes les barricades.

« *Au général Levasseur*. — Le 51e n'ira pas place de l'Hôtel-de-Ville. Le 19e restera au Palais National.

« *Au général Korte*. — A son arrivée il s'établira sur la place de la Madeleine jusqu'au boulevard Montmartre.

« Demain, à compter de dix heures du matin, tous les rassemblements, injures au président de la république, réprimés énergiquement à coup de baïonnettes.

« *Deux bataillons du* 3e *léger* viendront, après avoir mangé la soupe, à la cour des Tuileries.

« *La brigade de Reibell* au boulevard de la Madeleine. »

La division de réserve à la place de la Concorde.

Le général Carrelet sur (*pas d'autre indication*).

Le préfet de police. — Les 19ᵉ et 49ᵉ veillent sur Lepage.

Général Sauboul. Voir ce qui se passe au *Moniteur*, rue des Poitevin. Laisser là une compagnie ou une demi compagnie pour la nuit. La retirer demain.

Ambulances

Cette note était incomplète. Ce qui manquait avait été prescrit verbalement à l'officier ou aux officiers chargés de la compléter, de rédiger et d'expédier les ordres d'après les indications données.

La division de réserve, aux ordres des généraux Carrelet et Dulac, ou plutôt la brigade de réserve, était formée de la garde de Paris (commandée par le colonel Gastu), des deux bataillons de gendarmerie à pied et du bataillon de sapeurs-pompiers de la ville de Paris.

La division de cavalerie de Versailles devait se trouver à Paris de grand matin.

Le 3ᵉ léger, alors à Versailles et aux ordres du colonel Uhrich qui vient d'illustrer son nom par la belle défense de Strasbourg, avait été mis en marche sur Saint-Cloud et prévenu de se tenir prêt à se porter sur Paris.

Ce régiment se trouvait dans la subdivision de Seine-et-Oise, alors commandée par le général Stanislas Cavaignac. Cet officier était le cousin de l'ex-chef du pouvoir exécutif, et avait été promu général à la suite de la bataille d'Isly. Sa promotion avait déterminé celle de son cousin Eugène. La reine Amélie et les princes aimaient beaucoup le colonel Eugène Cavaignac. Ils ne voulurent pas que *Stanislas* fût nommé général avant Eugène. Bien que ce dernier n'eût pas été à Isly, on les nomma tous les deux à la fois. Eugène Cavaignac passait pour un des chefs de corps les plus hautains avec ses subordonnés. La parenté de Stanislas avec Eugène, si profitable au second sous le gouvernement de Juillet, ne le fut pas autant au premier, en 1851. Au moment du coup d'État, on était en méfiance contre le commandant de la subdivision de Seine-et-Oise.

Voyant qu'on lui prenait ses troupes et qu'on ne lui donnait pas l'ordre de marcher à leur tête, il fut blessé et écrivit le 2 décembre au matin à Magnan :

« Je viens de recevoir à huit heures votre ordre de faire partir le 3ᵉ léger pour arriver à Saint-Cloud avant midi, où il attendra de nouveaux ordres ; votre lettre me marque que je n'aurai plus à Versailles que le dépôt du 6ᵉ léger. On a oublié probablement que le 3ᵉ léger a aussi son dépôt à Versailles ; pour me conformer autant que possible à vos prescriptions, je fais partir toutes les compagnies de ce régiment. Seulement la compagnie hors rang restera ici pour la garde des magasins. Ainsi le 3ᵉ léger aura toutes les nouvelles recrues à Saint-Cloud.

« Je ne puis concilier l'injonction que je reçois de rester à Versailles avec votre dernier ordre que, dans le cas où le 3ᵉ léger marcherait, j'en prenne le commandement. C'est me montrer une méfiance et m'imposer une humiliation que je n'aurais pas attendues de vous. Je ne m'étendrai pas davantage sur tous les dégoûts qu'on me donne, à la position qu'on me fait comme officier général ; n'ayant jamais donné dans tous mes actes et ma carrière militaire le sujet d'être traité comme je le suis, j'en ai trop plein (deux mots effacés mais qui pourraient bien être *le... dos.*) Ces mots ont été grattés par le général Magnan ou dans les bureaux de son état-major.

A Versailles aussi se trouvait alors un autre général Cavaignac (Jacques-Marie), divisionnaire de 1848, grand-croix, ancien écuyer du roi Joseph, dévoué aux Napoléons. Il crut que son nom pouvait le mettre en suspicion. Il écrivit au général de Saint-Arnaud, qui lui répondit le 9 décembre la lettre suivante toute de sa main :

« Général, mon chef de cabinet m'expose les motifs qui vous ont amené chez moi il y a deux jours.

« Je m'empresse de vous exprimer mon regret de ce que vous avez pu croire que ces explications étaient nécessaires.

« Il est des caractères qu'aucun soupçon ne peut atteindre, qu'aucune apparence ne compromet.

« Vous pouvez être, et je désire que vous restiez libre de toute inquiétude. »

Le 4 décembre avant l'aurore, le général Magnan dicta un autre billet écrit au crayon et d'après le contenu duquel les derniers ordres furent expédiés.

Voici ce curieux document :

« Toutes les troupes en position à neuf heures, après avoir mangé la soupe.

Division Carrelet sur l'emplacement occupé actuellement.

Brigade Canrobert chargée de l'attaque des barricades de la rue Rochechouart, en les prenant à revers par le chemin de ronde.

Général *Renault*, idem pour la position et l'heure.

Général *Levasseur* idem.

Division de cavalerie prête à monter à cheval aux Champs-Élysées.

Général *Reibell* sur la place de la Concorde. »

Une autre note, *toute de la main* du général Magnan, est ainsi conçue :

« La brigade de cavalerie parcourera ce soir, avec son général en tête, les boulevards de la Madeleine à la Bastille, de huit heures à minuit.

« Les 5ᵉ et 6ᵉ bataillons de chasseurs seront mis sous les ordres du général Reibell. Ils suivront la cavalerie sur les contre-allées.

« Tout rassemblement sera énergiquement réprimé et dispersé.

« Les commissaires de police suivront et arrêteront les orateurs de café.

« Tout cri contre le président sera énergiquement réprimé.

« Le général Reibell fera rentrer les troupes quand il le jugera à propos.

« Ecrire aux généraux de division que les patrouilles qu'ils croiront devoir faire, seront toujours d'un bataillon au moins. Il faut montrer la force partout et imprimer la terreur. »

(*Au crayon*). « Banque et hôtel des Postes, 19ᵉ de ligne. »

Le 3, de six à sept heures du soir, le 4, avant le jour, les ordres furent envoyés partout en raison des indications contenues dans ces trois billets.

Le plan fort habilement combiné du général en chef ressort bien nettement de ces documents. Le voici en deux mots :

Contrairement à ce qui avait été fait jusqu'alors dans les émeutes et dans la guerre des rues ;

1° Au lieu de disséminer les troupes, les concentrer ;

2° Au lieu d'aller chercher l'émeute sur tous les points, la laisser s'établir, lui permettre de choisir son champ de bataille ;

3° Etudier ce champ de bataille.

4° Attaquer à un moment donné et sur tous les points à la fois, de front et à revers, les barricades ;

5ᵉ Prendre l'ennemi dans un étau.

Magnan savait qu'il pouvait compter sans réserve sur ses troupes ; que la grande majorité de la population honnête était pour la cause du président. Il était sûr, avec du canon, de bouleverser les barricades, d'en tuer ou d'en disperser les défenseurs. Pour toute barricade trop forte on avait la ressource de cheminer par l'intérieur des maisons sur lesquelles les extrémités de la barricade s'appuyaient.

Son plan fut combiné d'après ces données, et l'ordre d'attaque général fut décidé pour le 4 à deux heures précises de l'après-midi, comme pour un assaut, dès que l'on sut que l'émeute choisissait pour champ de bataille la partie de la ville comprise entre la Seine, les boulevards, les rues du Temple et de la Paix.

C'est dans ce vaste carré, en effet, que les sociétés secrètes, les chefs socialistes, les opposants de toute espèce organisèrent, pendant la nuit du 3 au 4, une énergique défense.

Ils étaient convaincus que l'on avait fait rentrer les troupes dans les quartiers parce que l'on craignait une attaque de nuit. Tous étaient bien loin de la vérité. Jusqu'à ce jour, en effet, la façon de chercher à vaincre l'émeute avait été si différente du plan adopté pour le 4 décembre, que nul d'entre eux n'eût pu croire qu'on voulût leur laisser la faculté de bien s'établir sur le champ de bataille et dans les positions qu'ils auraient choisies eux-mêmes.

Les premiers trompés avaient été le prince Napoléon et ses amis. L'un d'eux vint à l'hôtel des Invalides le soir, vers dix heures, pour donner des nouvelles. Il déclara dans le salon du prince Jérôme que sur les boulevards, et il en arrivait, la déchéance du prince Louis était décidée, affichée partout et acceptée; que les députés partaient pour Amiens, etc. Les officiers du gouverneur lui rirent au nez. Ils savaient mieux que cet ami mal informé à quoi s'en tenir sur le sentiment général et sur le dévouement de l'armée.

A la dernière heure, le général Magnan reçut encore du préfet de police la dépêche suivante :

« La situation se complique, le faubourg Saint-Antoine est dans une extrême agitation. Les affiches qui proclament la déchéance du président sont gardées par des piquets d'hommes en blouse qui menacent les passants. Les marchands de vins sont des repaires d'émeutiers. En cas de mouvement, il faudrait faire razzia complète. Il est important d'agir de suite.

« Une barricade déjà vient d'être enlevée. Trois représentants étaient à la tête. On a fait feu.

« La physionomie des groupes est *absolument* à la guerre. Il y a déjà des groupes armés avec des représentants à leur tête. Il n'y a pas un instant à perdre.

« Une barricade commence au coin de la rue Sainte Marie, faubourg Saint-Antoine. Des représentants paraissent y établir leur quartier général.

« Je désirerais beaucoup avoir ici quatre pièces de canon, deux escadrons de cavalerie et un bataillon d'infanterie. Quant au point menacé et qu'il importe d'occuper immédiatement, je n'ai pas assez de monde sous la main. »

Ce nouveau cri d'alarme de M. Maupas ne modifia en rien les intentions du général commandant en chef, lequel se borna à transmettre cette dépêche au ministre de la guerre, après avoir mis en marge cette annotation :

« J'ai pris des mesures. La brigade d'Allouville va parcourir les boulevards. »

Le général Magnan avait parfaitement réussi à donner toute sécurité à l'émeute et à lui faire choisir son champ de bataille. Les amis les plus chauds de la présidence y étaient trompés eux-mêmes. Voici une lettre qui le prouve.

Elle est du lieutenant-colonel de l'état-major de la garde nationale Beauval et adressée à son général, le 4 au matin.

« Mon général, la partie du boulevard comprise entre la rue Laffitte et le faubourg Montmartre est devenue, depuis deux jours, un centre d'agitation qu'il est urgent de combattre énergiquement. Les imprimés les plus anarchiques s'y distribuent et s'y lisent à haute voix, et des orateurs, qu'à leur mise et à leur langage on reconnaît appartenir à la haute démagogie, y prêchent impunément la désobéissance aux lois et l'assassinat permis du président mis hors la loi par l'Assemblée représentative.

« L'impunité dont ils ont joui jusqu'à ce moment n'a fait qu'accroître leur audace; en se prolongeant, elle pourrait avoir les conséquences les plus déplorables. Les patrouilles qui sillonnent cette partie de la ville n'ont eu d'autre effet que de dégager la chaussée. Elles ne s'occupent pas des bas côtés, et la foule, qui y reflue, les accompagne et les suit, en prodiguant à nos soldats des épithètes injurieuses, auxquelles ils mêlent comme passeport le cri de Vive la république, qui dans leur bouche équivaut à un cri séditieux.

« Les sergents de ville, reconnaissant leur impuissance pour arrêter un semblable désordre, évitent avec raison de se montrer. Ils comprennent, comme tout le monde, qu'il ne pourrait être efficacement combattu que par l'action simultanée de la police et de la force armée. Témoin depuis deux jours des actes déplorables qui se commettent sur ce point, je pense, mon général, que deux régiments d'infanterie, aidés d'un certain nombre de sergents de ville et de gendarmes habillés en bourgeois, auraient bientôt fait cesser ces clubs en plein vent, mis sous la main de la justice leurs dangereux orateurs et effrayé leur auditoire, composé pour la majeure partie d'hommes de désordre et pour le reste, de curieux. Ces deux régiments, placés l'un au conservatoire de musique, l'autre à la mairie du 2ᵉ arrondissement, dirigeraient sans interruption, après avoir fait fermer ou occuper militairement les différents passages qui viennent aboutir sur les boulevards, des patrouilles de trois cents hommes, deux cents marchant en carré sur la chaussée, les cent autres placés par moitié sur les bas côtés, à hauteur du dernier peloton, refoulant devant eux les groupes qui les obstruent. Les sergents de ville mêlés à l'avance à ces groupes, et ayant pu en distinguer les principaux meneurs, en opéreraient facilement l'arrestation au moment où la troupe arriverait, et les plaçant dans l'intérieur du carré, ils ne seraient pas exposés à les voir arracher de leurs mains. Ces individus seraient provisoirement déposés à la mairie du 2ᵉ arrondissement. Je ne doute pas, mon général, que cet ensemble de mesures ne rende à cette partie si importante de la capitale la sécurité dont son commerce a besoin, en même temps qu'elles mettraient sous la main de la justice ces hommes qui cherchent à justifier l'assassinat du président et à exciter la guerre civile. Elles mettraient en outre un terme à ces outrages auxquels nos braves soldats sont en butte, et qui pourraient finir par affaiblir leur morale en leur faisant douter de leur force et de l'appui que la partie saine de la population est disposée à leur prêter.

« Veuillez pardonner, mon général, la liberté que j'ai prise de m'adresser à vous. Je n'ai eu d'autre but que de vous présenter sous leur véritable jour des faits dont j'ai été témoin, sur lesquels vous auriez pu n'être pas suffisamment renseigné, et vous faire connaître une situation que le manque d'ensemble des moyens employés jusqu'à ce jour a considérablement aggravée.

Avant de raconter la lutte du 4 décembre, disons ce qu'étaient devenus les représentants arrêtés le 2 et le 3 décembre. Et d'abord un fait curieux.

Dès que la proposition des questeurs vit le jour, le général de Saint-Arnaud comprit que le moment du coup d'État était arrivé. Il se décida immédiatement à faire préparer tout au château de Ham pour la réception et la détention des principaux membres opposants de l'Assemblée, dont l'arrestation était dès lors convenue.

Dans ce but, il envoya, de la garnison d'Amiens formée par le 48e de ligne (colonel Lafond de Villiers), un fort détachement commandé par un capitaine nommé Broyelle, homme sûr et énergique. Un officier d'état-major fut chargé de porter au capitaine Broyelle ses instructions, et de le prévenir qu'il n'y avait pas de réponse à faire, mais seulement des ordres à bien exécuter. Saint-Arnaud voulait sans doute éviter le danger des lettres égarées ou lues par des yeux indiscrets.

M. Broyelle ne comprit pas et crut bien faire en protestant de son dévouement. Le 15 novembre 1851, il écrivit de Ham au ministre de la guerre :

« Monsieur le ministre, lorsque j'eus l'honneur de recevoir votre lettre datée du 4 novembre, M. le capitaine aide de camp qui me la remit de votre part me dit qu'elle n'exigeait pas de réponse.

« Cependant, monsieur le ministre, dans les circonstances graves où nous nous trouvons et avec la responsabilité si grande que vous avez bien voulu nous confier, j'ai désiré vous exprimer le dévouement que nous tous, officiers et soldats, apporterons à l'entier accomplissement de la haute mission dont vous nous avez honorés.

« Le 48ᵉ, vous le savez, monsieur le ministre, a toujours montré son entier dévouement à la cause de l'ordre, et la bonne discipline qui anime le détachement placé sous mes ordres me permet de me rendre garant de son dévouement envers le chef de l'État.

« J'ai l'honneur, etc. »

Le 2 décembre, de grand matin, les principaux chefs de l'opposition parlementaire, et beaucoup des chefs socialistes connus, avaient été arrêtés à domicile. Du nombre des premiers, les généraux Bedeau, Cavaignac (Eugène), Changarnier, Lamoricière, Le Flô, le colonel Charras, MM. Royer et Baze, M. Thiers.

Voyons ce qu'ils devinrent.

M. Thiers, conduit d'abord à la prison de Mazas, traité avec beaucoup d'égards, dispensé, par ordre du président, du transfèrement au château de Ham, fut conduit à la rive droite du Rhin, au port de Kelh, et fut laissé libre.

Le 3 décembre à quatre heures et demie du matin, par ordre du ministre de la guerre et sans que M. de Morny en fût avisé (ce qu'il trouva très-mauvais), les huit autres personnages nommés plus haut furent mis en route pour le Nord, sous la conduite du capitaine de gendarmerie Baudot et d'un détachement de cent gendarmes d'élite.

La veille dans la journée, un officier supérieur de l'état-major du ministre, le commandant de Suslean Malroy, aujourd'hui général de division, partit également pour Ham chargé d'organiser la réception des détenus et de veiller à ce qu'ils ne manquassent de rien.

Le convoi atteignit Noyon à huit heures et demie et arriva au château de Ham à trois heures et demie.

Chaque jour le capitaine Baudot rendit compte des visites faites par leurs familles aux prisonniers, envers lesquels il était prescrit de montrer de grands égards.

Leur détention ne fut pas longue.

Le 8 janvier, le général Changarnier partit pour Mons, le colonel Charras pour Bruxelles, le général Le Flô pour Boulogne, M. Baze pour Aix-la-Chapelle. Le lendemain 9, le général de Lamoricière, retenu par une douleur à l'épaule, se mit en route pour Cologne, et le général Bedeau pour Mons. Le départ fut organisé par les soins de M. Lehon, chef du cabinet du ministre de l'intérieur.

Le comte de Morny, ayant appris que Mme Le Flô était souffrante à Ham, envoya immédiatement l'autorisation nécessaire pour que son mari pût sortir du fort et se rendre auprès d'elle, sous la condition de rester prisonnier sur parole. Le général refusa. A dater du 29 décembre, les détenus purent recevoir des visites jusqu'à neuf heures et demie du soir. Mme et Mlle de Lamoricière vivaient à la table du général.

Le seul incident à signaler est celui qui ressort du rapport ci-joint, à la date du 9 décembre et adressé par le commissaire de police spécial à M. de Morny.

« Monsieur le ministre, après le départ du rapport que j'ai eu l'honneur de vous adresser hier, je me suis occupé de la mission que vous avez bien voulu me confier. Je puis vous assurer que l'esprit des habitants est on ne peut meilleur. Tous sont dévoués au président, ainsi que les autorités locales, mais il n'en est pas de même de la garnison ; il paraîtrait qu'un sergent qui se trouvait au fort, lors de l'arrivée des prisonniers, se serait mis à pleurer, en manifestant tout son dévouement au général Cavaignac. Le capitaine qui commande le détachement aurait fait publiquement l'éloge du général ; il aurait blâmé la conduite et il aurait dit de plus qu'il était dévoué à Cavaignac et qu'il pouvait compter sur lui et sur ses soldats.

« Je crois indispensable que cette garnison soit remplacée le plus tôt possible. Les autorités et le commandant de la garde nationale partagent mon avis et n'ont pas hésité à se prononcer sur la nécessité de ce changement. »

Ce rapport, auquel le comte de Morny n'attacha pas grande importance, fut transmis, le 11 décembre, au ministre de la guerre par le secrétaire général de l'intérieur.

Saint-Arnaud écrivit le 12 au commandant du château de Ham :

« Capitaine, le commissaire de police de Ham fait un rapport d'après lequel la garnison ne lui paraîtrait pas sûre. Il est disposé à croire que les officiers et les soldats qui la composent, l'officier qui la commande, ont conservé pour certains prisonniers des sentiments d'affection qui pourraient nuire à l'accomplissement de leur service.

« Je vous invite à examiner cette question ; votre honneur de commandant de place y est intéressé.

« Vous me donnerez sans délai votre avis avec une sincérité complète, et j'agirai en conséquence. »

Le capitaine Baudot, commandant de la place de Ham, répondit le 14 décembre :

« Monsieur le ministre, la haute mission de surveillance et de garde dont vous m'avez honoré, la confiance que vous m'avez fait l'honneur de me témoigner, me font un devoir d'aborder en toute sincérité la question si délicate planant sur le détachement du 48e de ligne en garnison à Ham.

« J'ai compris, monsieur le ministre, toute l'importance de cette confidence, résultant déjà depuis quatre jours de mes rapports avec M. le commissaire spécial. Cette révélation m'avait sur-le-champ vivement occupé, et je résolus d'approfondir immédiatement sa véracité.

« Après avoir mûrement scruté et pesé en silence ce que j'ai pu obtenir de renseignements, ma sagacité et mes efforts réunis n'ont pas encore amené la solution que je m'étais promise ; j'aurai cependant l'honneur, monsieur le ministre, de vous présenter les renseignements ci-après :

« Le 48e ayant servi longuement en Afrique sous le commandement immédiat de MM. de Lamoricière, Changarnier, de Cavaignac, et tout particulièrement en juin sous les ordres de ce dernier, quelques officiers, sous-officiers et soldats ont conservé pour leurs anciens chefs un certain fonds de vénération. Mes investigations s'étant ensuite portées sur l'esprit politique de cette fraction de corps, je n'ai rien pu découvrir qui fût digne de vous être signalé. Mon attention s'est portée tout particulièrement aussi sur le capitaine commandant ; cet officier, décoré de la main de M. le général Cavaignac, m'a semblé, malgré sa reconnaissance pour le bienfait précité, réunir les conditions de sûreté exigibles, sans cependant que je garantisse en rien la conduite à venir de cet officier et de sa troupe.

« Dans mes rapports de service avec M. le capitaine Broyelle, commandant le détachement, les plus grandes protestations à la cause du gouvernement m'ont été faites par lui, tant en son nom qu'en celui de sa troupe.

« J'attendais, monsieur le ministre, pour prendre l'initiative et vous adresser cette enquête, quelques renseignements plus clairs et plus concis : car je ne pouvais en bonne justice faire sur l'heure la part du bien et du mal, et soumettre à votre jugement éclairé des faits qui ne résultaient encore que de griefs que seulement on venait de me signaler.

« La manière de servir de ce détachement a été jusqu'à cette heure aussi bonne que possible, et je n'ai à cet égard aucun sujet de plainte à vous adresser ; sa discipline ne laisse rien à désirer et sa tenue est fort bonne. »

La dénonciation du zélé commissaire de police spécial n'eut pas d'autre suite. Morny et Saint-Arnaud ne paraissent pas y avoir attaché grande importance.

Le 2 décembre, le matin, plusieurs représentants furent également arrêtés au Palais-Bourbon, par ordre du colonel Espinasse. De ce nombre MM. Durieu, Bodin, Arbey, Fayolle, Eugène Sue, Benoît, Toupet des Vignes, général Radoult Lafosse, Chancy, Thaillard. Le général Ripert les fit enfermer au quartier des chasseurs à pied, devenu le nouveau ministère des affaires étrangères, et demanda au ministre de la guerre ce qu'il fallait faire de ces détenus. Saint-Arnaud répondit :

« Leur présence a été signalée au préfet de police. Qu'on ait soin d'eux ; qu'on leur donne ce qui leur faudra. Les avances seront remboursées. Si leur garde devient embarrassante, en référer au ministre, aux Tuileries. »

Les représentants arrêtés au 10e arrondissement le 2 à une heure de l'après-midi furent d'abord conduits à la caserne du quai d'Orsay par le 6e bataillon de chasseurs et par le général Forey. On résolut de les diriger le soir sur le Mont-Valérien, et un des officiers de l'état-major de l'armée de Paris reçut la mission d'aller préparer les logements.

Le général Magnan rendit compte à Saint-Arnaud par la dépêche suivante, le 3 décembre :

« M. le chef d'escadron Jardot, de mon état-major, que j'avais envoyé hier soir vers dix heures et demie au Mont-Valérien, pour y prendre le convoi de prisonniers envoyés de la prison Mazas, est rentré à trois heures du matin ; il m'a rendu compte que les mesures de sûreté réclamées par les circonstances avaient été prises. Le premier convoi, renfermant cinquante prisonniers, est arrivé vers onze heures et demie ; des matelats et des fournitures de lit ont été apportés sur-le-champ, on a dressé des poêles. Le second convoi devait arriver trois ou quatre heures après et les mêmes mesures devaient être prises.

« M. le commandant Jardot pense qu'il est possible de loger dans le fort les deux cents prisonniers annoncés.

« M. le chef de bataillon Durand, du 72e de

ligne, laissé dans la forteresse avec les quatre compagnies, doit prendre toutes les dispositions nécessaires.

« Le capitaine C....., commandant le fort, est malade, et, d'après ce qui m'a été dit par le commandant Jardat, il me paraît être au-dessous de sa mission ; je pense qu'il serait nécessaire de le faire remplacer. »

Les autres détenus furent dirigés sur Vincennes et donnèrent lieu à une correspondance assez curieuse entre le général de Courtigis, commandant le fort, et le général de Saint-Arnaud.

Le 3 décembre à six heures du matin, M. de Courtigis écrivit au ministre de la guerre :

« Monsieur le ministre, ce matin à quatre heures, j'ai reçu de M. le préfet de police l'ordre de préparer des logements pour cent prisonniers. J'ai eu l'honneur de rendre compte à M. le préfet que le donjon, le seul endroit du château qui soit disposé pour des prisonniers, est encombré d'armes jusqu'au troisième étage (fusils provenant du désarmement de Paris), et le donjon ne contient, dans son ensemble, qu'une douzaine de cellules habitables, qui sont complétement démeublées, sans poêle ni cheminée, et toutes dans un état de dégradation plus ou moins grand, et que dans tous les cas il est matériellement impossible d'y enfermer un tel nombre de prisonniers, et encore plus impossible de les y installer immédiatement.

« Deux heures après, à six heures, j'ai reçu une nouvelle lettre de M. le préfet, qui m'annonce qu'il m'avait envoyé les prisonniers avant d'avoir reçu ma lettre et que j'essaye à les caser dans les appartements et à les traiter avec les plus grands égards.

« Je commence par obéir, et lorsqu'ils arriveront, j'en ferai mettre une partie dans les anciens appartements du duc de Montpensier, bien qu'ils soient également tout à fait démeublés, et aussi mal disposés que possible pour el logement et la garde de prisonniers politiques importants ; qui, n'ayant d'autres jours que de grandes fenêtres donnant sur la cour principale, vont se trouver presque en contact immédiat avec la troupe qui habite le fort et les nombreux ouvriers civils qui y sont employés par l'artillerie, rapprochement que je crois fort *impolitique* et même TRÈS-DANGEREUX.

« De plus, les appartements, qui se commandent tous, forcent de les mettre en contact, et ils pourront délibérer, s'animer et discuter tant qu'ils voudront, sans qu'il soit possible, non-seulement de l'empêcher, mais de les soustraire à la vue des habitants du fort.

« Il n'y a ni meuble, ni moyen de vivre et de pourvoir à leur subsistance. Ils seront donc fort mal et leur garde sera des plus difficiles.

« Je vous prie de vouloir bien peser ces observations, qui sont toutes dans l'intérêt de la sûreté de l'État et de la *discipline* de l'armée.

« Lorsque les ministres ou les insurgés ont été enfermés au donjon, celui-ci a été remis temporairement à la disposition du ministre de l'intérieur et il a été approprié au logement par les architectes, et l'administration des prisons a distribué elle-même le service de garde et de sûreté, sous la surveillance des agents, qui l'ont dirigée constamment, auxquels on fournissait seulement les troupes nécessaires à leur garde.

« Toutes ces considérations sont d'une telle portée que je ne pense pas qu'il y ait opportunité à conserver dans Vincennes des prisonniers d'une telle importance dans les conditions où nous nous trouvons. Il est de mon devoir de vous le dire. »

(*Un post-scriptum illisible.*)

Cette lettre d'un homme embarrassé pour bien peu de chose, écrite à un homme comme Saint-Arnaud qui ne l'était jamais, même pour les choses les plus graves, fit sourire le ministre et attira au commandant du fort de Vincennes la réponse fine et spirituelle ci-dessous, en date du même jour 3 décembre :

« Mon cher général, j'ai reçu votre lettre datée de ce jour six heures du matin. Vos objections contre le transfèrement des prisonniers à Vincennes seraient pleines de force si le commandement de Vincennes était confié à un esprit sans ressources ; mais j'ai tellement confiance dans l'habileté que vous saurez employer à tirer parti de ce dont vous pouvez disposer, que, tout en tenant compte des difficultés matérielles, j'ai immédiatement songé à Vincennes pour y déposer les prisonniers.

« Je ne doute pas que vous ne trouviez toutes les ressources nécessaires pour bien recevoir ceux qui vont vous être envoyés, pour les établir convenablement et les garder sans danger. D'ailleurs, ce n'est là que l'affaire de quelques jours. »

Nous terminerons le récit de ce qui a rapport aux détenus politiques du 2 décembre par la lettre ci-dessous du général de Courtigis au général Magnan. Elle prouve que le général de Saint-Arnaud avait vu juste, et qu'en flattant certains hommes, on les amène facilement à faire ce que l'on désire.

« Mon général, l'ordre qui m'est parvenu au moment où j'entrais en position, a déterminé la rentrée de toute ma brigade et des batteries de réserve qui devaient être dirigées sur les Tuileries, à l'exception toutefois de la 9ᵉ batterie du 7ᵉ, qui, d'après l'ordre verbal transmis par un officier d'état-major de la 1re division, a continué sa route sous l'escorte d'un bataillon du 43e de ligne pour rallier à la caserne de la Pépinière la brigade du général Canrobert.

« Le bon esprit des troupes s'est manifesté dans cette circonstance grave comme en toute autre ; on peut dire que, grâce à lui, la France est sauvée.

« Pendant l'intervalle des patrouilles, j'ai fait procéder à l'exécution des listes de vote, qui sont actuellement complètes pour toute ma brigade, ainsi que pour le personnel du fort de Vincennes. Je n'attends plus que celle des compagnies fixes pour les adresser au général de division ; vous y verrez une unanimité à peu près complète pour l'affirmative, preuve du bon esprit que je vous signale.

« Quant à la question très-délicate et, pour le dire, très-difficile de nos prisonniers, je suis parvenu, pendant une heure qui s'est écoulée entre leur annonce et leur arrivée, à me procurer des logements pour les recevoir, j'ai pourvu à leur nourriture d'une manière très-convenable ; je les ai chauffés, éclairés, en satisfaisant, pour ainsi dire, à tous leurs désirs compatibles avec leur position et ma responsabilité.

« Le soir, je les ai couchés au moyen de fournitures de troupes, avec draps et couvertures, et, chose assez rare de la part des prisonniers, je n'ai reçu aucune réclamation et même des remercîments inaccoutumés pour la manière dont ils ont été traités.

« Depuis sept heures du matin un commissaire de police de Paris est venu, avec ordre de les faire monter en omnibus. sous prétexte de les transférer ; mais pour les laisser aller en liberté, une fois arrivés en divers endroits de Paris.

« Mais, pour faire une besogne qui aurait dû ne durer qu'une demi-heure, voilà plus de quatre heures que cela traîne. Tous ces commissaires me paraissent être peu experts dans ces sortes d'affaires. Enfin j'espère qu'à force de les pousser il aura fini vers midi.

« D'après sa lettre, il doit me rester ici quinze ou dix-huit de ces messieurs, et parmi eux des rouges *foncés*, ce qui me contrarie fort, attendu que, réunis aux hommes de bonne compagnie qui sont ici, ils se sont trouvés paralysés et n'ont pas osé lever la langue, et que, n'ayant aucun moyen de les isoler de la garnison, une fois seuls, je redoute jusqu'à un certain point leurs menées démagogiques. S'il en était ainsi, je n'hésiterais pas à les fourrer à la salle de police cellulaire ; mais il serait bien préférable qu'on me les enlevât pour les mettre dans un endroit vraiment fermé où ils seront hors d'état de nuire. Je vous serai reconnaissant de vouloir bien exprimer ce vœu de ma part au ministre de la guerre : j'ai senti combien, dans cette occasion, il fallait faire pour assurer le résultat que nous avons obtenu, dans la teneur de la lettre de M. le préfet de police ; j'ai cru ne devoir me reposer des fatigues de jour que par des travaux de nuit d'une autre nature et aussi importants. Je ne lui demande maintenant que de me délivrer des montagnards que j'ai ici et que je ne peux considérer qu'avec une sorte d'horreur.

« Je saisis, mon général, le premier moment de mon retour pour vous adresser les renseignements qui ont un certain intérêt. »

LIVRE IV

JOURNÉE DU 4 DÉCEMBRE 1851

Dépêche du préfet de police. — Proclamation du général de Saint-Arnaud. — Imprimerie nationale. — Lettre du directeur M. de Saint-Georges à Magnan. — La garde nationale. — Lettre du général de Lawœstine à Morny. — Lettre de Magnan à Saint-Arnaud. — Extrait du rapport de Magnan à Saint-Arnaud sur la lutte du 4 décembre. — Ce qui se passait aux Invalides. — Conduite du prince Napoléon. Ses paroles. — Anecdotes. — Rapports envoyés à Magnan. — Lettre de ce dernier à Saint-Arnaud. — Le prince de Canino. — Le triumvirat. — Jérôme envoie un de ses aides de camp à l'Élysée. — Affaire du 51e de ligne à la pointe Saint-Eustache. — Rapport du colonel de Lourmel. — Lettre du roi Jérôme au prince président. — Mission de son officier de service. — Anecdotes. — Portrait tracé d'un coup de plume du prince Napoléon. — Rôle des Bonaparte (Jérôme).

Le 4 décembre, dès l'aurore, les dépêches affluèrent au quartier général du commandant en chef de l'armée de Paris. Il devint évident qu'une véritable bataille offensive pour la troupe, défensive pour les sociétés socialistes (car il n'y avait plus guère en jeu que ces sociétés et leurs adhérents), serait livrée au centre de Paris.

« Le ministre de l'intérieur, écrit M. de Maupas à sept heures et demie du matin, me donne l'ordre de faire occuper militairement les réunions des représentants des rues de Rivoli et de l'Université. Je crois que cinquante ou cent hommes suffisent à chacun de ces deux postes; je vous prie de les mettre à la disposition des commissaires de police. »

Aussitôt qu'on avait pu voir assez clair dans les rues pour lire, les curieux, les passants avaient remarqué, affichée sur tous les murs, une proclamation menaçante et énergique du ministre de la guerre, déclarant que tout ce qui serait pris les armes à la main sur les barricades, combattant les troupes, serait fusillé séance tenante et sans autre forme de procès.

« La proclamation du ministre de la guerre, écrit encore à huit heures M. de Maupas, jette une terreur si profonde parmi les émeutiers, qu'ils désertent les barricades qu'ils se disposaient à défendre. La vigueur de cette mesure me fait espérer la paix pour le matin. »

Comme toujours, le préfet de police mettait innocemment à côté de la vérité.

Ajoutons cependant, pour être juste, que sur la partie de la rive droite de la Seine qui avoisine la préfecture de police, existait un calme relatif, puisque le général Levasseur écrivait de l'Hôtel de ville au général Magnan, à la même heure que le préfet :

« J'ai l'honneur de vous informer que les agents de police que j'avais envoyés parcourir les rues Saint-Denis, Saint-Martin, Rambuteau, Beaubourg, n'ont trouvé, à mon grand étonnement, ni rassemblement ni barricades. Nous verrons ce matin. »

Il n'y avait du reste dans ce fait rien d'extraordinaire, puisque la défense était concentrée plus à gauche, dans le pâté que nous avons déjà indiqué.

L'Imprimerie nationale également se trouvait en quelque sorte dégagée, ainsi que le prouve la lettre suivante adressée à huit heures du matin par le directeur, M. de Saint-Georges, au général Magnan :

« Monsieur le général, dans la précipitation avec laquelle je vous ai écrit hier pour vous demander du renfort, je n'ai pu vous rendre un compte exact des faits qui ont motivé cette demande.

« A partir de trois heures, une très-grande agitation a commencé à se faire remarquer dans les rues qui entourent l'Imprimerie nationale, et particulièrement entre cet établissement et la ligne des boulevards, comme aussi entre l'Hôtel de ville.

« Différentes personnes sont venues m'informer que des barricades s'élevaient rue des Vieilles-Haudriettes et au coin de la rue des Quatre-Fils et de la rue Michel-Lecomte. Il n'y avait pas à hésiter, car toute communication serait devenue impossible.

« Après m'être concerté avec M. le capitaine de La Roche d'Oisy, du 1er bataillon de la gendarmerie mobile, nous avons fait rentrer le petit poste de la ligne qui est à l'extérieur de l'Imprimerie, et M. Fabre, lieutenant, s'est porté au pas de course, avec vingt-cinq hommes, sur la barricade voisine.

« Accueillie par des coups de feu, la troupe a vigoureusement riposté ; la barricade a été démolie, et ses matériaux, parmi lesquels se trouvait une diligence Lafitte-Gaillard, ont été rapportés dans la cour de l'Imprimerie nationale.

« Au même moment, une autre barricade était enlevée à quelques pas encore de l'Imprimerie nationale par la troupe de ligne.

« Depuis ce moment tout est tranquille dans le quartier. Il m'a été affirmé que la gendarmerie mobile a tué deux hommes de la barricade qu'elle a si vigoureusement enlevée.

« Je ne saurais, monsieur le général, donner trop d'éloges à la vigueur et à l'énergie déployées par le lieutenant Fabre et ses hommes, dont un a reçu une balle sur son fusil.

« Vers sept heures, j'ai reçu la 5ᵉ compagnie du 1ᵉʳ bataillon, commandée par M. le capitaine Cloquier. Mais si tout est aussi tranquille ailleurs qu'ici, vous pourrez la faire retirer.

« Je vous demanderai seulement de me laisser la 4ᵉ compagnie commandée par M. le capitaine La Roche d'Oisy. C'est celle qui est installée depuis lundi à minuit, qui a repoussé l'attaque et qui est au fait du service intérieur de l'établissement. »

Au *Moniteur universel* également, sur la rive gauche et au centre d'un quartier populeux, tout semblait calme. Le directeur rendait compte, de grand matin, que l'attitude des ouvriers était excellente, et déclarait qu'on en occuperait le plus grand nombre possible pour les détourner de prendre part à la lutte.

Cependant, non loin de là, au Luxembourg, le général Renault ne tarda pas à écrire un billet au crayon ainsi conçu :

« Les groupes sont hostiles. On se rassemble devant une affiche factieuse. A mon arrivée je forme des colonnes convergentes vers la place Maubert, la place Saint-Michel. Les colonnes sont en marche et bien disposées. Si les *bandits* cherchent à tenir, nous aurons de bons résultats. »

Voyons maintenant ce qui se passait à la garde nationale.

Le chef d'état-major, le colonel Vieyra, avait demandé la veille, que le 4, de grand matin, les cartouches déposées aux mairies fussent enlevées. Un officier d'artillerie, alors chef d'escadron, devenu général, M. Labastie, caserné à l'École militaire, fut chargé de cette mission ; mais il fit connaître qu'il ne pourrait la remplir, les batteries qu'il commandait ayant reçu l'ordre de monter à cheval avec la division Renault. Le général Hubert, commandant alors l'artillerie à l'École militaire, en prévenant que, faute de chevaux, on ne pouvait faire l'opération, demanda que l'on prescrivît de mouiller les poudres.

Le plus beau rôle négatif avait été réservé à la garde nationale pendant le coup d'État, mais ce rôle, fort bien compris et admis par l'intelligent chef-d'état major, ne convenait pas au trop zélé général marquis de Lavœstine. Le 4 au matin, il écrivit au ministre de l'intérieur :

« Monsieur le ministre, vous m'annoncez que vous avez la crainte que la 2e et la 6e légion ne fassent une manifestation cette nuit.

« Je fais convoquer en toute hâte les officiers supérieurs de la 2e légion, tous très-influents ; je vais les voir, les interroger, et bien que je sois très-étonné de ces bruits, j'aurai l'honneur de vous écrire aussitôt que j'aurai causé avec eux.

« Permettez-moi, monsieur le ministre, de vous dire que je puis faire convoquer *sans rappel* les 4 bataillons de la 1re légion, sūrs au delà de toute expression. Je vous réponds d'eux. Il viendra ensemble de 12 à 1500 hommes; ils seront heureux et fiers de garder les environs de l'Élysée.

1er BATAILLON.

Commandant Briot, gendre du colonel Vieyra mon chef d'état-major.

2e BATAILLON.

Commandant Ledieu, dévoué au prince quand même. C'est l'ancien bataillon Vieyra.

3e BATAILLON.

Commandant Bourcart, très-résolu et décidé pour la cause du prince; l'un des capitaines, gendre de Vieyra.

4e BATAILLON.

Commandant Duffié, *dont la maison est tapissée de portraits de l'empereur.*

« Voyez et décidez, j'attends vos ordres ; le colonel Vieyra surveillera lui-même les réunions des bataillons. Vous indiquerez les endroits où ils devront se masser.

« Quant à la 6ᵉ légion, j'ai vu ce matin et longuement entretenu le colonel Vatrin, et je fais demander le major que je vais interroger ; cette légion a un mauvais esprit, il y a peu d'hommes énergiques et influents ; s'ils paraissent sans ordres, il faut faire sabrer les premiers qui se montreront. »

A neuf heures du matin, le général en chef écrivit au général de Saint-Arnaud :

« Monsieur le ministre, votre proclamation produit un effet magique, elle frappe les factieux de terreur. Nous en avons fini de l'émeute et de l'insurrection ; toutefois nous restons sur nos gardes et sommes prêts.

« Toutes vos prescriptions avaient été prévenues par moi dans les instructions pour le combat : soixante cartouches dans le sac ; les maisons d'angles à occuper, les quatre jours de vivres, et j'ai blâmé l'intendant d'avoir dirigé la nuit un convoi de vivres. Ce convo n'a pas été pillé, comme on l'a dit au président. Pas un homme n'a été tué ou blessé. Le convoi est arrivé à destination, un témoin a été blessé par accident. Il en est de même du poste de la rue Cadet, qui n'a pas même été insulté. Des braillards avaient, au nombre de cent, chanté la *Marseillaise* en passant dans la rue.

« La nouvelle de M. le colonel de Béville n'était pas plus exacte. Au lieu de dix mille hommes sur le boulevard, on n'en a pas trouvé cent. Un guide est venu *seul* à dix heures de la Bastille aux Tuileries par les boulevards.

« Je ferai balayer ce soir de huit à onze heures les boulevards par des escadrons de cavalerie, soutenus de pelotons de chasseurs de Vincennes. Sur les contre-allées, nous aurons raison des orateurs en plein vent, des conspirateurs de café en habit noir et en gants jaunes. Nos patrouilles ce soir, jusqu'à minuit, seront d'un bataillon.

« L'ardeur et le dévouement des troupes, généraux, officiers et soldats, est admirable.

« Tous mes rapports sont des plus satisfaisants. »

Bientôt la population de Paris prit une attitude de plus en plus hostile ; les demandes de troupes arrivèrent à chaque minute et de plus en plus instantes au Carrousel, à l'état-major Magnan, principalement celles adressées par le préfet de police. Le général en chef reçut les rapports, mais fut inflexible dans son système de ne pas donner de troupes, de ne pas disséminer ses forces, et d'attendre pour l'attaque générale le moment fixé la veille par lui-même, *deux heures* de l'après-midi.

A cette heure en effet les colonnes se mirent en mouvement sur tous les points, et la lutte définitive commença.

Nous ne croyons pouvoir mieux faire connaître les événements de cette partie de la journée, qu'en puisant le récit au rapport confidentiel adressé à la suite de la bataille par le général Magnan à Saint-Arnaud :

« Dès le 4 au matin, les rapports de M. le préfet de police et mes propres reconnaissances m'informèrent que des attroupements nombreux se formaient dans les quartiers Saint-Antoine, Saint-Denis, Saint-Martin, et qu'ils commençaient à y élever des barricades.

« L'insurrection paraissait avoir son foyer dans l'espace compris entre les boulevards et les rues du Temple, Rambuteau et Montmartre.

« A midi j'appris que les barricades devenaient formidables et que les insurgés s'y retranchaient. Mais j'avais décidé de n'attaquer qu'à deux heures, et, inébranlable dans ma résolution, je n'avançai pas le moment, quelques instances qu'on me fît pour cela. Je connaissais l'ardeur de mes troupes, je savais leur impatience de combattre, j'étais sûr de vaincre cette insurrection en deux heures, si elle voulait franchement accepter le combat.

« Le succès a justifié mon attente. L'attaque, ordonnée pour deux heures, devait avoir lieu par un mouvement convergent des divisions Carrelet et Levasseur.

« En conséquence la brigade Bourgon prit

position entre la porte Saint-Denis et la porte Saint-Martin.

« Les brigades de Cotte et Canrobert se massèrent sur le boulevard des Italiens, pendant que le général Dulac occupait la pointe Saint-Eustache et que la brigade de cavalerie du général Reibell s'établissait dans la rue de la Paix.

« Le général Levasseur, reprenant ses positions, forma ses colonnes pour appuyer le mouvement de la division Carrelet.

« A deux heures de l'après-midi toutes ces troupes s'ébranlent en même temps.

« La brigade Bourgon balaye le boulevard jusqu'à la rue du Temple, descend cette rue jusqu'à celle de Rambuteau, enlevant toutes les barricades qu'elle trouve sur son passage.

« La brigade de Cotte s'engage dans la rue Saint-Denis, pendant qu'un bataillon du 15e léger était lancé dans la rue du Petit-Carreau, déjà barricadée.

« Le général Canrobert, prenant position à la porte Saint-Martin, parcourt la rue du Faubourg de ce nom et les rues adjacentes, obstruées par de fortes barricades que le 5e bataillon de chasseurs à pied, aux ordres du commandant Levassor-Sorval, enlève avec une rare intrépidité.

« Le général Dulac lance à l'attaque de la rue Rambuteau et des rues adjacentes des colonnes formées des trois bataillons du 51ᵉ de ligne, colonel de Lourmel, et de deux autres bataillons, l'un du 19ᵉ, l'autre du 43ᵉ, appuyés par la batterie d'Ubexi.

« En même temps la brigade Herbillon, formée en deux colonnes, dont l'une était dirigée par le général Levasseur en personne, pénétrait dans le foyer de l'insurrection, par les rues du Temple, de Rambuteau, Saint-Martin.

« Le général Marulaz opérait dans le même sens par les rues Saint-Denis et jetait dans les rues transversales une colonne légère aux ordres de M. le colonel Lamotte-Rouge, du 19ᵉ léger.

« De son côté, le général Courtigis, arrivant de Vincennes à la tête de sa brigade, balayait le faubourg Saint-Antoine, dans lequel plusieurs barricades avaient été construites.

« Ces différentes opérations ont été conduites sous le feu des insurgés avec une habileté et un entrain qui ne pouvaient laisser le succès douteux un instant. Les barricades, attaquées d'abord à coups de canon, ont été enlevées à la baïonnette. Toute la partie de la ville qui s'étend entre les faubourgs Saint-Antoine et Saint-Martin, la pointe Sainte-Eustache et l'Hôtel de ville, a été sillonnée en tout sens par nos colonnes d'infanterie ; les barricades enlevées ou détruites ; les insurgés tués. Les rassemblements qui ont voulu essayer de se réformer sur les boulevards ont été chargés par la cavalerie du général Reibell, qui a essuyé, à la hauteur de la rue Montmartre, une assez vive fusillade.

« Attaqués de tous côtés à la fois, déconcertés par l'irrésistible élan de nos troupes et par cet ensemble de dispositions enveloppant, comme dans un réseau de fer, le quartier dans lequel ils nous avaient attendus, les insurgés n'ont plus osé rien entreprendre de sérieux.

« A cinq heures du soir, les troupes de la division Carrelet venaient reprendre position sur le boulevard.

« Ainsi, commencée à deux heures, l'attaque était terminée avant cinq heures du soir ; l'insurrection était vaincue sur le terrain qu'elle avait choisi.

« Toutefois, quelques combats partiels ont eu lieu en dehors de ce terrain, et je me plais à vous les signaler.

« Le 4, vers sept heures du soir, quelques rassemblements d'insurgés, dispersés par les diverses colonnes, se réunirent dans le haut de la rue Saint-Honoré, des Poulies et plusieurs petites adjacentes, où ils commencèrent à se barricader.

« D'autres attroupements avaient lieu en même temps dans les rues Montmartre et Montorgueil, dont les réverbères avaient été éteints et où les insurgés, à la faveur de l'obscurité, avaient pu élever de nouvelles barricades.

« Vers huit heures, le colonel de Lourmel, du 51e de ligne, qui était resté en position à la pointe Saint-Eustache, bien qu'appréciant toutes les difficultés d'une attaque de nuit, se décida à faire attaquer immédiatement par le 2e bataillon de son régiment (commandant Jannin).

« Les quatre premières barricades furent

enlevées au pas de course avec le plus grand élan par les grenadiers et les voltigeurs du bataillon.

« Une cinquième restait debout, plus élevée et mieux défendue que les autres. Malgré son éloignement, malgré l'obscurité, le colonel de Lourmel n'hésita pas à prendre ses positions pour l'attaquer. Quinze grenadiers, aux ordres du sergent Pitrois, s'élancent les premiers, bientôt suivis par les grenadiers et les voltigeurs du bataillon, entraînés par le commandant Jannin. Rien ne peut résister à l'élan de ces braves soldats. La barricade est enlevée, malgré une résistance désespérée. Cent insurgés environ la défendaient. Quarante sont tués sur place, les autres sont faits prisonniers. Une centaine de fusils, des armes de toute espèce, d'abondantes munitions tombent au pouvoir de nos soldats.

Le colonel Courand, du 19° de ligne, qui occupait avec son régiment le Palais National, apprenant qu'un nombre considérable d'insurgés, chassés du carré Saint-Martin, s'étaient ralliés sur la place des Victoires et menaçaient la Banque de France et les quartiers environnants, s'y porte au pas de course avec son régiment, enlève les barricades des rues Pagevin et des Fossés-Montmartre et revient s'établir à la Banque, d'où il a pu maintenir la tranquillité d s quartiers de la Banque et de la Bourse.

« Je n'achèverais pas de citer. Je ne puis cependant m'empêcher de rendre justice à l'énergique habileté avec laquelle M. le capitaine de la Roche d'Oisy, commandant la 4ᵉ compagnie du 1ᵉʳ bataillon de gendarmerie mobile, a su, pendant tout le temps qu'a duré l'insurrection, préserver de toute insulte l'Imprimerie nationale, entourée sans cesse de groupes menaçants. — M. le lieutenant Fabre, de cette compagnie, à la tête de vint-cinq gendarmes, a enlevé, au pas de course, la plus forte de ces barricades, formée au moyen de diligences renversées, de tonneaux pleins de pavés et de pièces de bois. Les autres barricades ont été successivement abordées et détruites, la circulation rétablie et maintenue par de fortes patrouilles.

« A la Chapelle Saint-Denis, quelques compagnies du 28ᵉ de ligne ont enlevé de nombreuses barricades et maintenu la tranquillité dans ces quartiers populeux, que les sociétés secrètes avaient profondément remués.

« Pendant que ces événements se passaient sur la rive droite de la Seine, le général Renault, commandant la 2ᵉ division, occupait la rive gauche ; et par l'habileté de ses dispositions, la bonne contenance de ses troupes, il a pu garantir de toute agitation la population ouvrière des 11ᵉ et 12ᵉ arrondissements, dans laquelle, à une autre époque, l'insurrection avait fait de nombreux prosélytes.

« La division de cavalerie de réserve, aux ordres du général Korte, appelée de Versailles, a pris position, d'abord aux Champs-Elysées, puis sur les boulevards, et a puissamment contribué, par de nombreuses et fortes patrouilles, à l'arrestation d'un grand nombre d'insurgés et au rétablissement complet de la tranquillité. »

A l'Élysée on n'avait pas eu d'inquiétude. Les dispositions avaient semblé si habilement prises par les généraux Magnan et de Saint-Arnaud, par le comte de Morny, que le succès ne parut pas un instant douteux. De minute en minute, outre les rapports des ministres, le prince recevait d'une foule de *fidèles* (et le nombre en augmentait en raison des chances favorables), les communications les plus rassurantes.

Aux Invalides, il n'en était pas de même. Le prince Napoléon courait les faubourgs, excitait les groupes à la résistance, tout en ayant grand soin de se dérober aux agents de police et de cacher sa personnalité. Son pauvre père, inquiet pour le fils, inquiet pour le neveu, inquiet pour la cause de sa famille, ne sachant s'il devait faire des vœux pour le parti de l'Élysée ou pour le parti du prince Napoléon, vivait dans une perplexité sans pareille.

Il envoyait ses officiers aux nouvelles, aux renseignements, nageant avec eux dans les eaux de l'Élysée, nageant avec les amis de son fils dans celles du parti opposé. Un de ses aides de camp se rendit par son ordre chez le vice-président de la république, l'excellent et dévoué M. Boulay de la Meurthe. L'officier vint bientôt rendre compte de ce qu'il avait vu. Le vice-président s'apprêtait à monter à cheval pour combattre en faveur du prince Louis ; les troupes prenaient, sans bruit de caisse, de clairon, leurs positions de combat. Le bruit des fanfares, les marches des musiques militaires étaient remplacés par un silence solennel. Les gibernes et les caissons pour l'infanterie et pour l'artillerie étaient abondamment pourvus. Soldats et officiers paraissaient unanimement dévoués à la cause du président.

Un seul officier général, commandant la division de Bordeaux, ayant écrit qu'il prêterait son concours pour le maintien de l'ordre, mais qu'il se réservait ensuite d'adhérer ou non au coup d'État, le général de Bourjolly avait reçu mission de partir immédiatement pour le remplacer.

L'aide de camp du prince Jérôme donna toutes ces nouvelles au vieux roi, ajoutant, ce qui était la vérité, que, chose singulière! la levée de boucliers du président produisait un revirement favorable au parti légitimiste. « J'ai entendu dans beaucoup de groupes, affirmait l'officier, faire ce raisonnement : — Un principe stable vaut mieux que tout cela. Voyez donc où l'on en serait si le prince Louis venait à être tué ! »

Cette réflexion plut médiocrement au frère de l'empereur, mais il avait, nous l'avons dit, beaucoup de bon sens, il reconnut la justesse du raisonnement. « En attendant, dit encore l'officier envoyé aux nouvelles, on se serre auprès du président, car on reconnaît qu'en lui, en lui seul, aujourd'hui est le salut. »

Vers deux heures et demie, un autre aide de camp du prince arriva en courant aux Invalides ; il quittait les boulevards, avait vu le dispositif des troupes et annonçait le commencement de la lutte.

« Au coin du boulevard et de la rue de la Paix, dit-il au prince, j'ai vu le 1er de lanciers se former en bataille ; puis sont venus successivement les brigades Reibell, de Cotte et Canrobert, ayant en tête un bataillon de chasseurs à pied et un de gendarmes mobiles, avec deux batteries. L'infanterie passant devant la cavalerie a commencé à longer les boulevards, tandis que des compagnies détachées de chasseurs et de gendarmes essayaient, mais inutilement, de déblayer les trottoirs bourrés de curieux. En vain les soldats priaient, suppliaient qu'on se retirât, bousculant au besoin les femmes, les enfants, les hommes ; impossible d'obtenir de cette plaie de l'émeute de rendre le champ libre. Le groupe dispersé courait se reformer au débouché de la rue voisine. Cet entêtement devait être fatal à plus d'un malheureux. »

Le prince Napoléon, alors et depuis quelques instants dans la chambre de son père, écoutait en silence d'un air sombre le récit de l'aide de camp. Il se fit expliquer sur la carte le plan du général Magnan, que l'officier avait deviné, et donner toutes les indications possibles ; puis, prenant brusquement son chapeau :

« C'est bien ! » dit-il ; et il sortit.

L'officier vit qu'il avait commis une imprudence en parlant à cœur ouvert devant le prince de la Montagne.

Arrivé dans l'antichambre, en présence des huissiers, des domestiques et de deux plantons invalides, le prince Napoléon se retourne brusquement, et, touchant l'épaulette de l'aide de camp :

« Maigré cela, lui dit-il, nous nous f......
de vous, vous ne serez pas les plus forts.

— Avec ou sans cela, répondit aussitôt
l'officier, l'armée réciproquement se f... de
vous et de vos amis, et vous serez tous mis à
la raison. »

Voici ce qui rendait en ce moment le fils du
roi Jérôme si fort et si arrogant. Il était persuadé que les ouvriers allaient se lever en
masse, comme on le lui avait affirmé, et il
croyait au moyen de son influence personnelle et de son acquit pouvoir aider les
chefs socialistes à déjouer le plan du général
en chef. Vaine espérance pour lui et les
siens ! le combat était engagé, et le prince de la
Montagne n'était certes pas de taille à diriger
des opérations. D'ailleurs, pour cela, il fallait
aller se placer au cœur de l'émeute... Il était
toutefois parvenu à jeter quelques craintes
dans l'esprit de son père, auquel il avait raconté
l'histoire du général Neumayer marchant sur
Paris avec une armée, et un tas d'autres billevesées. « Oui, avait-il dit au bon vieillard,
si faible pour ce fils adoré, oui, la cour de
cassation a déclaré le président déchu ; oui,

l'universalité des peuples se lève pour frapper les tyrans, etc. »

Nous verrons bientôt ce qui se passa le soir aux Invalides. Revenons aux événements du jour.

La lutte fut de fait terminée vers cinq heures. Le général Magnan ne tarda pas à recevoir les divers rapports de ses généraux, entre autres celui-ci du général Renault, qui avait opéré sur la rive gauche de la Seine, et celui du général Carrelet, datés le premier de huit heures, le second de huit heures et demie du soir.

Après avoir reçu les rapports de ses divisionnaires, le général en chef écrivit de neuf à dix heures du soir à Saint-Arnaud :

« Monsieur le ministre, j'ai prévenu tous vos ordres ; le terrain sur lequel nos troupes ont combattu est occupé militairement. Toutes les maisons des angles sont garnies de soldats. J'ai ordonné qu'on envoyât du pain à la porte Saint-Martin, quartier général du général Canrobert.

« J'ai fait relever les blessés et conduire à l'ambulance aux Tuileries.

« La brigade de Cotte occupe les maisons de la rue du Temple, Saint-Martin et Saint-Denis.

« La brigade Bourgon et les deux bataillons de gendarmerie mobile sont rentrés dans leurs quartiers.

« Le général Herbillon occupe avec sa brigade le terrain sur lequel a combattu le général Levasseur, toujours dans les maisons d'angle, et personne dehors. Le colonel de Lourmel avec quatre bataillons, trois du 51e, un du 43e, occupe les maisons du carrefour de la rue Rambuteau, se reliant avec la brigade Herbillon.

« Les brigades Marulaz et Courtigis sont rentrées dans leurs quartiers, prêtes à toutes les éventualités. Le 3e léger est arrivé aux Tuileries comme réserve; il loge dans le palais, fait sa cuisine en plein air. Le 12e dragons est au bivouac dans les Champs-Élysées, ainsi que la division Korte. Je leur ai fait porter du bois.

« Les insurgés sont trop peu nombreux pour

que j'aie donné l'ordre à la cavalerie de Melun, Fontainebleau, Provins, etc., de marcher sur Paris; ce serait un déplacement et des dépenses inutiles. J'ai plus de troupes qu'il ne m'en faut pour en finir avec cette insurrection, que n'appuient point les ouvriers : car les faubourgs Saint-Martin et Saint-Jacques restent parfaitement tranquilles. Je n'ai affaire qu'aux légitimistes, qui ne défendent pas les barricades, mais tirent sur nos troupes des salons dorés des boulevards.

« J'ai donné l'ordre à la brigade Reibell de charger tous les rassemblements qui existent encore sur les boulevards et de les poursuivre dans les rues adjacentes. J'attends son rapport. Un de ses régiments restera sur le boulevard jusqu'à minuit pour tenir libres mes communications avec les brigades Canrobert et de Cotte; l'autre va rentrer dans ses quartiers. La division Levasseur, malgré ma défense, avait eu tort de s'engager dans la rue Saint-Martin, réservée au général Carrelet, cela nous a coûté trois hommes tués par le boulet, perte regrettable sans doute, mais qui aurait pu être plus considérable. Les généraux ont montré un grand élan et une grande valeur ; les troupes, qui faisaient pour la première fois la guerre des rues, ont été trop facilement émues des coups de fusil qui leur venaient des fenêtres, elles y ont répondu par des fusillades inutiles; les généraux les ont calmées, et leur exemple les a entraînées sur le terrain des barricades.

« Le colonel Quilico du 72ᵉ est blessé, son lieutenant-colonel Loubeau tué, c'est un officier que je regrette beaucoup, que j'avais présenté pour lieutenant-colonel et pour colonel. Les soldats, comme toujours, malgré mes ordres, ont fait des prisonniers.

« J'ai demandé des rapports aux généraux de division ; j'aurai l'honneur de vous les adresser aussitôt que je les aurai reçus. »

Vers six heures du soir, au moment du dîner, le prince Napoléon revint aux Invalides. L'air triomphant qu'il avait affecté dans la journée avait fait place, sur son visage, à une tristesse morne, sombre. On se mit à table.

« L'armée dit le prince de la Montagne, n'a pas grand mérite. Sa victoire a été facilement acquise, les sociétés n'ont pas donné. »

A ces paroles les officiers du prince Jérôme se regardèrent, n'attendant plus qu'un mot blessant adressé à l'armée pour se lever de table et se retirer. Le vieux roi le comprit, et comme il avait, lorsqu'il le voulait, plein pouvoir sur son fils, d'un coup d'œil il lui imposa silence.

A ce moment entra le prince de Canino, suivi d'un colonel italien, patriote démagogue réfugié, qui avait joué un rôle à Rome et lui servait en quelque sorte d'aide de camp.

Canino pria son oncle Jérôme de passer un instant dans le salon. Ce dernier revint au bout de quelques instants, et cinq minutes après Canino mit sur l'assiette du gouverneur un papier que ce dernier lut attentivement.

Était-ce, comme on l'a dit, un projet de gouvernement d'un triumvirat formé de lui prince de Canino, du prince Napoléon et d'une troisième personne que nous ne nommerons pas ; ou bien était-ce le projet de la lettre au président sur les votes du plébiscite à rendre secret ? nous l'ignorons.

En sortant de table, le prince Jérôme donna l'ordre à l'un de ses officiers de monter à cheval, de se rendre à l'Elysée, de prendre de sa part des nouvelles du président, et surtout de tâcher de se procurer des nouvelles exactes de la lutte. L'aide de camp comprit parfaitement, en raison de ce qui se passait aux Invalides, que le père était poussé par le fils, lequel tenait à être bien renseigné et à savoir s'il y avait quelque chance en recommençant ou en prolongeant la lutte.

Aussi, d'accord avec ses camarades, fut-il décidé que de toute façon les nouvelles rapportées seront excellentes pour le parti de la présidence.

L'officier monta à cheval, traversa aux Champs-Élysées les bivouacs de la division de cavalerie Korte et mit pied à terre dans la cour du palais. Le salon des aides de camp était encombré des plus hauts personnages. Là causaient de la façon la plus animée le maréchal Excelmans, son fils officier de marine aujourd'hui contre-amiral, son gendre, M. de la Roncière le Nourry, et plusieurs généraux. Les ministres et le prince étaient en conseil.

Après avoir recueilli tous les renseignements qu'on s'empressa de lui donner sur la lutte et sur la victoire de la journée, l'officier du prince Jérôme revint aux Invalides et rendit compte de sa mission, amplifiant encore les bonnes nouvelles qu'il avait apprises. Elles eussent été détestables qu'il les eût modifiées, tant ses camarades et lui comprenaient l'importance de ne laisser aucun moyen au prince Napoléon de relever les espérances de la démagogie.

On continuait à s'entretenir, dans les salons des Invalides, des faits de la journée, lorsqu'on entendit tout à coup une vive fusillade paraissant venir du centre de Paris. L'aide de camp de service reçut de nouveau l'ordre de se rendre au ministère de la guerre pour s'informer de ce que signifiait ce bruit. Il était neuf heures du soir.

L'officier revint bientôt; il avait causé avec le colonel Blondel, chef du cabinet de Saint-Arnaud, et avec quelques officiers de son état-major. La fusillade provenait de l'enlèvement d'une barricade vers la pointe Saint-Eustache par le 51ᵉ de ligne du colonel de Lourmel.

Voici le rapport adressé au général Magnan par le colonel de Lourmel sur cette affaire :

« Mon général, j'ai l'honneur de vous

adresser le rapport que vous m'avez demandé sur la journée du 4 décembre.

« Parti des Tuileries à une heure trois quarts avec les trois bataillons de mon régiment et un bataillon du 43e de ligne, je prenais position à deux heures dix minutes à la pointe Saint-Eustache. On construisait plusieurs barricades dans la rue Rambuteau et on y travaillait très-activement.

« Après avoir fait promptement et fortement occuper toutes les têtes des rues qui débouchent sur ce quartier, je lançai le 1er bataillon du 51e sur les barricades de la rue Rambuteau. Le général Dulac, qui arrivait en ce moment avec un bataillon du 19e de ligne et une demi-batterie d'artillerie, me fit arrêter mon mouvement, et, après avoir reconnu la position, il ordonna l'attaque.

« Les deux premières barricades furent franchies en un clin d'œil; sur le point d'arriver à la troisième, la tête de colonne fut accueillie par une vive fusillade partant principalement des maisons voisines. Les grenadiers commandés par le capitaine de Dais, ayant à leur tête le commandant Lanoé, attaquèrent ces maisons avec autant d'entrain que d'acharnement. Les portes furent enfoncées, et l'on se préparait à cheminer par les maisons, lorsque le canon et une vive fusillade partant de la rue Saint-Martin annoncèrent l'approche d'une colonne qui prenait les insurgés à revers. Malgré un feu très-vif, les deux colonnes s'avancèrent rapidement à la rencontre l'une de l'autre et enlevèrent successivement toutes les barricades qui les séparaient.

« Dans cette première attaque M. Dumas, sous-lieutenant de grenadiers, officier de mérite et d'avenir, a eu les deux jambes traversées au moment où, à la tête de sa section, il s'emparait d'une des maisons qui nous fusillaient à bout portant. (Cet officier a été amputé hier.) Six grenadiers et le sergent Trembloy furent également blessés, et tous, excepté un, très-grièvement. Deux hommes du 43e, par lequel je faisais appuyer mon premier bataillon, furent blessés dans cette même attaque.

« Le commandant Lanoé a montré la plus grande vigueur; le capitaine de Dais, constamment en tête de ses grenadiers, a été d'une belle bravoure; M. Dumas, son sous-lieutenant, d'une grande intrépidité, et enfin le sergent Trembloy, après avoir brigué l'honneur d'aller porter un ordre au capitaine de Dais qui avait déjà pénétré dans les maisons, fut blessé grièvement en accomplissant sa mission.

« A quatre heures et demie le général me laissa le commandement de la pointe Saint-Eustache.

« Nous étions maîtres de toute la rue Rambuteau et j'avais des postes avancés dans les rues Montmartre, Montorgueil, Saint-Denis et Saint-Martin.

« A sept heures du soir, les barricades étant commencées dans les rues de Ponthieu, de Saint-Honoré, et dans plusieurs petites rues qui viennent y aboutir, une démonstration vigoureuse dissipa les attroupements, déblaya les rues et rétablit la circulation.

« Vers les sept heures les reverbères furent éteints dans les rues Montmartre et Montorgueil. A la faveur de l'obscurité, les insurgés, refoulés des rues Rambuteau, Saint-Denis, Saint-Martin et des boulevards, se réunirent dans la rue Montorgueil et dans les environs, et commencèrent cinq barricades à environ trois cents mètres du poste avancé. Prévenu vers huit heures, je fis pousser une reconnaissance dans cette direction.

« Malgré les difficultés d'une attaque de nuit, je me décidai à faire attaquer par le deuxième bataillon du 51ᵉ de ligne.

« A cent mètres environ de la première barricade les insurgés crièrent : *Qui vive! Vive la république! Vivent les combattants!* et firent une décharge très-nourrie sur notre tête de colonne.

« Lancés au pas de course, les grenadiers et les voltigeurs se précipitèrent sur les barricades; dans quelques minutes les quatre premières furent enlevées, et avec tant d'entrain que je n'eus que deux hommes légèrement blessés. La cinquième barricade était plus éloignée. Ne sachant pas combien il en restait encore derrière celle-là et ne connaissant pas la situation des troupes sur les boulevards, s'engager plus loin au milieu d'une aussi profonde obscurité n'était peut-être pas prudent; mais, d'un autre côté, il était si important de ne pas laisser l'insurrection profiter de la nuit pour établir son foyer dans ces quartiers que je résolus de m'emparer encore de cette barricade.

« Dans la compagnie des grenadiers chacun voulait marcher le premier ; quinze seulement, commandés par le sergent Pitrois, obtinrent cet honneur. Au signal donné par le commandant Jannin et au cri d'*En avant!* répété avec enthousiasme par l'adjudant-major Bernard, par les officiers et par toute cette brave compagnie, grenadiers et voltigeurs se précipitèrent sur les traces des quinze premiers et rivalisèrent d'intrépidité, escaladèrent la barricade et passèrent ses défenseurs par les armes. Alors complétement maîtres de cette rue, la terreur fut si grande que le calme se rétablit à l'instant même dans tout le quartier.

« Quinze ou vingt cadavres furent trouvés derrière ou sur les barricades ; près de quatre-vingts prisonniers furent les uns passés par les armes et les autres conduits à la préfecture de police. Près de cent fusils furent pris par les grenadiers et les voltigeurs.

« La conduite de ces deux compagnies a été admirable ; celle des grenadiers et de leurs officiers est au-dessus des plus grands éloges.

« Le sergent Pitrois, qui compte plus de dix-huit ans de service, douze campagnes et plusieurs citations en Afrique, a été le premier sur toutes les barricades. Témoin de sa brillante bravoure, je l'ai félicité en présence de toute sa compagnie, en lui promettant que j'aurais l'honneur de vous le signaler d'une manière toute particulière. Sur les quinze grenadiers qu'il commandait, six furent atteints plus ou moins grièvement.

« La résolution, l'énergie et le vigoureux entrain du commandant Jannin, pour lequel je revendique la plus grande part à l'honneur de ce brillant coup de main, méritent à cet officier supérieur une citation toute particulière.

« L'adjudant-major Bernard a été de l'admirable bravoure qu'il a toujours montrée en Afrique.

« Le grenadier Frugier, déjà blessé l'année dernière dans l'expédition de Kabylie et qui a reçu une nouvelle blessure en sautant un des premiers dans la dernière barricade, doit vous être signalé de la manière la plus particulière. C'est un brave et intrépide soldat, et tout le régiment serait heureux de le voir récompensé. »

L'aide de camp du prince Jérôme, de retour aux Invalides, donna l'assurance la plus formelle que l'armée était maîtresse sur tous les points ; que toute lutte nouvelle n'était pas à craindre, attendu qu'elle n'était plus possible.

En entendant ces mots, le prince Napoléon se mordit les lèvres, jeta un regard furieux à l'officier et entraîna par le bras son père dans la galerie à côté du salon.

Bientôt le prince Jérôme rentra, tenant à la main une lettre cachetée à ses armes, et la donna à l'aide de camp avec ordre de la porter à l'Élysée et de la remettre lui-même et en mains propres au prince président. L'officier remonta immédiatement à cheval et partit.

Voici la teneur de la lettre dont il était chargé ; le prince écrivait au président :

« Mon cher neveu, le sang français coule ! arrêtez-le par un appel sérieux au peuple ! vos sentiments sont mal compris. La seconde proclamation où vous parlez du plébiscite est mal reçue par le peuple, qui n'y voit pas le rétablissement de son droit de suffrage. La liberté est sans garantie, si une assemblée ne concoure pas à la constitution de la république.

« L'armée a le dessus, c'est le moment de compléter une victoire matérielle par une victoire morale. Ce que le pouvoir ne peut faire quand il est battu, il doit souvent le faire quand il est le plus fort.

« Après avoir frappé les anciens partis, relevez le peuple ; proclamez que le suffrage universel, sincère, sans entraves, agissant avec la liberté la plus grande, nommera une assemblée constituante pour sauver le président, et établir la république.

« C'est au nom de la mémoire de mon frère, partageant son horreur pour la guerre civile, que je vous écris ! Croyez-en ma vieille expérience ; pensez que la France, l'Europe et la postérité vous jugeront.

« Votre dévoué et affectionné oncle,

« Jérôme-Napoléon BONAPARTE. »

Paris, le 4 décembre 1851, à dix heures du soir.

Cette lettre dictée au vieux roi par les princes

de Canino et Napoléon, était une sorte de guet-apens, un piége tendu au président.

Si ce dernier acceptait la proposition de rendre le plébiscite secret, les Jérôme produisaient la lettre et proclamaient partout que le peuple français devait la liberté du suffrage universel au libéralisme de la branche cadette.

Si le prince Louis rejetait la proposition, on pouvait peut-être, en exploitant avec habileté la lettre et la réponse, prouver aux masses : qu'on en voulait à l'Élysée, à l'indépendance, à la liberté du peuple, et amener les sociétés secrètes à recommencer la lutte. En cas de victoire, les princes Napoléon et Canino ne se trouvaient-ils pas tout naturellement les chefs préférés, les favoris du peuple? Le pouvoir pouvait-il s'égarer en d'autres mains? Non sans doute. Une fois maître de la situation et l'Élysée abattu, Canino comptait donner un croc en jambe au cousin Napoléon ; Napoléon comptait *tomber* facilement le cousin Canino.

Malheureusement pour les deux excellents parents, leurs beaux calculs se trouvèrent déjoués. On va voir comment.

L'officier arrivé à l'Élysée demanda à remettre sa dépêche au prince. Le premier aide de camp, général Roguet, voulut la porter, disant que le président était au conseil des ministres.

« Peu m'importe, mon général, soyez assez bon pour prévenir ou faire prévenir le prince, répondit l'envoyé de Jérôme ; je dois exécuter mes ordres, ils sont formels. »

Au bout de quelques minutes, l'officier fut introduit dans le salon vert et se trouva seul avec le prince Louis, qui debout fumait tranquillement sa cigarette.

« Comment va mon oncle? dit-il en décachetant la lettre.

— Bien, monseigneur.

— S'est-on battu de votre côté?

— Non, monseigneur. »

Le nom du prince Napoléon ne fut pas prononcé. Le président lut la lettre, sourit, dit à l'officier de s'asseoir, écrivit, mit le cachet de sa bague, se leva, remit la réponse à l'aide de camp de son oncle, en lui disant :

« Êtes-vous bien monté?

— Oui, Monseigneur.

— Je ne voudrais pas que cette lettre fût prise. Vous la remettrez à mon oncle.

— Votre Altesse n'a pas de crainte à avoir. Je traverse les Champs-Élysées, où bivouaque la division Korte. Au besoin j'avalerai cette lettre. »

A onze heures, l'officier entrait dans la chambre du prince Jérôme, qui allait se mettre au lit. Le prince prit la lettre, la lut et, la recachetant avec soin, sans laisser percer ce qu'elle contenait, ordonna à son aide de camp d'aller la porter rue d'Alger n° 10, à son fils, avec injonction de ne la donner qu'à lui seul et de la rapporter si le prince n'était pas chez lui.

Le prince, en effet, se trouvait absent. L'officier revint aux Invalides, lui ayant laissé dire que son père le priait de venir de suite lui parler. A minuit le prince Napoléon arriva, lut la lettre et s'écria :

« *Il recule, il faut avancer.* »

Il se rendit alors chez un homme de l'opposition que nous ne voulons pas nommer, qui le lendemain, à la suite de son entretien avec le fils de Jérôme, dit en parlant de lui à un des aides de camps du gouverneur des Invalides :

« Votre prince Napoléon, c'est un cheval andalous ; cela piaffe, mais n'avance pas. Il ne remuera jamais un pavé et ne signera jamais rien. »

La réponse du président, que la branche Jérôme ne s'est pas pressée de montrer, avertissait l'oncle que le conseil des ministres l'avait prévenu dans ses désirs, et que depuis une heure la décision était prise de rendre les votes secrets.

Ainsi donc la mise en scène de MM. Canino et Napoléon était manquée. Impossible de se servir de la lettre comme arme libérale, pour ameuter le peuple et frapper le prince Louis.

On voit par ces détails, dont nous garantissons l'authenticité, que le rôle joué par les Bonaparte de l'hôtel des Invalides était celui-ci : En apparence, de la sollicitude pour l'Élysée, une approbation de la conduite du président ; en réalité, une haine envieuse de la part du prince Napoléon, et l'idée d'utiliser à son profit ce qui se passait. Sous la présidence aussi bien que sous le second empire, le prince Napoléon s'est toujours flatté, bien à tort selon nous, d'avoir de l'influence sur les masses et principalement sur les sociétés secrètes qu'il croyait pouvoir dominer.

Cette illusion a dirigé sa conduite en plus d'une circonstance. Il eût mieux fait de donner franchement à son cousin l'appoint de sa haute intelligence.

La conduite du prince Napoléon, toutefois, était connue et appréciée dans les salons du président. Outre les rapports qui étaient faits au préfet de police par ses agents, il y avait, comme nous l'avons dit, un des familiers du prince Napoléon qui faisait la navette de la rue d'Alger à l'Élysée pour prévenir de ce qui se passait chez le fils de Jérôme.

Voici une anecdote prouvant que le prince Louis était fort bien renseigné. Le 5 décembre, vers une heure, M. le baron de Lacrosse, ancien ministre, vint aux Invalides chez le prince Jérôme. En sortant de sa chambre, il demanda à voir un des aides de camp, celui qui, le

2 décembre, avait été à l'Élysée, et il lui dit ces paroles :

« Hier je dînais auprès du prince Louis. Lui ayant fait connaître que mon intention était de venir aujourd'hui aux Invalides, il me répondit : Si vous voyez là M. X, un des aides de camp de mon oncle, dites-lui que j'ai su ce qu'il avait fait et que je le remercie du service qu'il a rendu à la France et à ma famille en faisant monter le prince à cheval pour venir à l'Élysée. »

Revenons à la lettre écrite par Jérôme.

Il est de toute évidence que le vieux roi, en acceptant de l'écrire, n'avait pour lui-même d'autre pensée que celle de paraître, aux yeux de la France, jouer le rôle de conciliateur entre son neveu et le peuple. Il n'était pas d'ailleurs sans une certaine appréhension de ce qui pouvait arriver à lui et à son fils, lorsque tout serait calmé et lorsqu'on finirait par connaître à l'Élysée la conduite du prince Napoléon. En agissant comme il le faisait, le prince Jérôme pouvait donc compter sur l'indulgence de son neveu pour lui-même et pour les siens.

En outre, il se tenait dans son rôle de donneur de conseils et de conciliateur que lui imposait son âge. En cas de succès définitif de l'Élysée, il invoquait sa promenade à cheval auprès du président et la lettre relative au plébiscite. Il opposait aux actes *légers* de son fils sa conduite personnelle. En cas de défaite de l'Élysée, il disait au parti triomphant : « Vous voyez ce que j'ai voulu faire. Si l'on m'a vu près de Louis, c'est que j'avais à cœur d'user de mon influence sur ce jeune homme pour le ramener dans le droit chemin ; la preuve c'est cette lettre en faveur du peuple, en faveur de la liberté, ce sont ces sages conseils que je n'ai pas hésité à lui donner lorsque tout indiquait le succès de sa cause. »

Le long séjour de la famille Jérôme Bonaparte en Italie n'a pas été sans influence sur le caractère et la façon d'agir des princes qui la composent.

Malheureusement, comme nous l'avons dit, la modification au plébiscite était adoptée par le conseil des ministres, une heure avant l'arrivée de l'aide de camp de Jérôme à l'Élysée ;

donc la lettre de l'oncle n'a pu influencer ni modifier les idées du neveu à cet égard. Cela est tellement positif, que l'aide de camp envoyé une première fois vers huit heures à l'Élysée se souvint parfaitement avoir entendu parler dans le salon du président du retrait du vote à registre ouvert.

Le lendemain 5 décembre, dès huit heures, le prince Jérôme fit copier la fameuse lettre, mais sans montrer la réponse, et la fit porter *très-confidentiellement* au duc de Cazes, sachant qu'il y avait là un office de publicité assez commode dans la circonstance actuelle. Jérôme fit ensuite venir dans sa chambre, les uns après les autres, les divers fonctionnaires de l'hôtel, et là, toujours sous le sceau du plus grand secret, toujours très-confidentiellement, il leur fit lire ladite lettre, mais jamais la réponse. Enfin il l'envoya à Bixio, qu'on ne trouva pas, attendu qu'il était arrêté. Le pauvre prince la porta lui-même à plusieurs personnages, ressemblant beaucoup à un rhétoricien premier prix du grand concours, qui cherche à lire partout sa composition.

LIVRE V

APRÈS LE COUP D'ÉTAT

Nuit du 4 au 5 décembre 1851. — Rapport du préfet de police. — Démonstration faite par l'armée de Paris. — Les ateliers Derosne et Caille. — Les environs de Paris. — Saint-Arnaud à Maupas. — La garde républicaine, le colonel Gastu, le général Dulac et Magnan. — Lettre de M. de Saint-Georges. — Ordres du jour du 6 décembre. — Blâme encouru par deux généraux de brigade de l'armée de Paris, Marulas et de Courtigis. — Récompenses. — Le général Canrobert. — Pertes de l'armée. — Anecdotes sur ce qui se passa entre le prince Jérôme, le prince Napoléon et le prince Louis Bonaparte. — Lettres de l'ex-roi de Westphalie à son neveu.

La nuit du 4 au 5 décembre fut calme. Le parti socialiste essaya cependant d'attirer à lui les soldats de quelques régiments. Le chef du poste de la place des Pyramides rendit compte que deux écrits avaient été lancés aux pieds de la sentinelle placée devant les armes. Voici ce qu'ils portaient :

« Pas de dictature, soldats ! Suivrez-vous la bannière d'un parjure ? Les réclamations des citoyens qui sont vos frères, vous ont prouvé que nous sommes dévoués à la république. Le général Neumayer, à la tête de sa division, accourt pour venger l'outrage fait à l'honneur de la patrie. La France le suit. Vive la république ! »

Le petit poste de la prison Saint-Lazare fut attaqué vers une heure du matin par une bande considérable armée, se dirigeant tambour battant sur ce point. Le sous-officier commandant ce poste fit aussitôt ses préparatifs de défense. Deux coups de feu ayant été échangés, les émeutiers se retirèrent.

M. de Maupas manda ce qui suit, de grand matin :

« A cela près de quelques escarmouches, la nuit a été calme. Les sections ont cependant usé de tout leur pouvoir pour préparer une nouvelle bataille pour aujourd'hui. C'est de dix à onze heures que l'action s'engagera, si elle doit avoir lieu. Il est important, jusqu'à sécurité complète, de faire occuper militairement Paris sans désemparer. Une insurrection nouvelle, si elle existait dans les conditions d'importance qu'avait acquises hier l'insurrection, ferait croire partout que l'émeute est plus forte qu'elle ne l'est réellement ; qu'elle peut, pour ainsi dire, lutter à armes égales avec le gouvernement. Cette impression jetterait de l'hésitation dans les esprits, éloignerait la confiance, et c'est la confiance qu'il faut rétablir.

« Le décret qui change le mode de votation répond à un vœu unanime; il produira un bon effet.

« L'affichage des nouvelles de province produit également une situation heureuse; il faut multiplier les affiches, multiplier les nouvelles, surtout cette sorte de détails qui, quelquefois insignifiants par eux-mêmes, ont le don d'impressionner les masses.

« Ce qu'on attend avec impatience, ce sont des actes du gouvernement, ce sont des adhésions des grands corps de l'État, c'est la constitution définitive de la commission consultative, que la monomanie du gouvernement représentatif, en France, ferait considérer, aussitôt qu'elle fonctionnerait, comme le gage principal de la sécurité.

« La journée d'aujourd'hui, selon qu'elle se passera, doit être, à mon sens, la journée décisive. »

M. de Maupas prêchait des convertis, et

surtout plus habiles que lui. Gros-Jean ne pouvait en remontrer à son curé, en cette circonstance toutefois.

Magnan était parfaitement renseigné sur la situation des esprits et sur l'état de la capitale. Ayant la presque certitude, malgré la dépêche du préfet de police, que l'émeute était écrasée et n'oserait tenter une levée nouvelle de boucliers, il avait retiré, à minuit, une grande partie des troupes, les avait fait rentrer dans leurs casernes, avec ordre de les faire reposer.

Il eut ensuite l'idée de montrer à la partie de la population favorable à l'Elysée et à celle qui lui était hostile, les forces dont disposait le gouvernement. En conséquence, et pour rassurer les uns, pour terrifier les autres, les brigades d'infanterie, traînant après elles leur artillerie, ayant des compagnies du génie, eurent ordre de se former en colonnes mobiles et de parcourir la ville partout où quelques insurgés oseraient se montrer encore. Ces troupes devaient marcher sans hésitation à l'émeute, enlever et détruire tous les obstacles.

Le général Carrelet, en vertu de cet ordre,

se porta vers neuf heures du matin, à la tête d'une forte partie de sa division, sur la barrière Rochechouart, où l'on signalait encore l'existence d'une barricade formidable. A son approche, la barricade fut abandonnée sans être défendue.

Une autre colonne, formée de la brigade Canrobert, son chef en tête, s'approcha d'une barricade élevée dans le faubourg Poissonnière. Elle ne fut pas plus défendue que la première.

L'armée de Paris, ayant sillonné la ville dans tous les sens, se montra si imposante que les émeutiers n'osèrent plus lever la tête. La tranquillité ne fut plus troublée, la circulation se rétablit sur tous les points, et, sous la protection de ce déploiement inusité de forces, les boutiques, fermées la veille, furent ouvertes partout.

Les rapports auxquels donnèrent lieu les événements de la veille et ceux de ce jour furent envoyés par le général Magnan à Saint-Arnaud le 5 au soir.

Dans la journée du 5, le général Reibell ayant été informé que des meneurs démagogiques, des ateliers Derosne et Caille de Chaillot, avaient le projet d'embaucher les ouvriers des ateliers des Grandes Messageries, fit cerner Chaillot et fouiller les maisons reconnues comme recelant les fauteurs de désordre. Les chefs furent enlevés et enfermés dans les caves du Palais-Bourbon. Plusieurs paquets de cartouches furent trouvés dans les maisons ; mais ce qu'il y a de plus curieux et de plus caractéristique, c'est que la population dirigea elle-même les recherches.

Outre ce fait à signaler, nous dirons que, vers neuf heures du matin, un individu ayant invectivé une sentinelle placée devant les armes, à la caserne du Carrousel, ayant essayé d'arracher la proclamation du président et s'étant rué sur le factionnaire, ce dernier le tua roide d'un coup de fusil.

Aux environs de Paris, dans les communes *extra muros* de Belleville, des Batignolles, malgré des rassemblements assez nombreux, la gendarmerie put maintenir l'ordre, à force de dévouement et d'énergie. A Belleville, douze ou quinze socialistes armés de fusils de garde nationale voulurent élever une barricade. La population refusa de les aider et les gendarmes les arrêtèrent.

Le 5 au soir, M. de Morny, apprenant que l'on voulait fatiguer l'armée, écrivit au général de Saint-Arnaud :

« Général, je m'empresse de vous prévenir que je donne aux maires des douze arrondissements de Paris l'ordre de vous faire connaître sans retard tous les locaux publics ou particuliers susceptibles d'offrir un abri aux troupes de toutes armes.

« Je suis informé que les factieux veulent fatiguer l'armée ; et il est essentiel de lui fournir tous les moyens possibles d'abri et de repos dans le cas où la lutte se prolongerait. »

A la même heure, Saint-Arnaud mandait au préfet de police :

« Monsieur le préfet de police, je suis instruit que des chefs socialistes ex-représentants ou autres, voyant la partie perdue à Paris, essayent de porter la lutte sur un autre terrain et cherchent à gagner des départements.

« Pour les en empêcher, j'ai fait établir aux barrières des postes de vingt-cinq hommes commandés par un officier. On y doit exercer la plus grande surveillance sur ceux qui entrent et qui sortent. Je vous prie de vouloir bien envoyer à chacun de ces postes plusieurs agents sur la sagacité desquels on puisse entièrement compter, et qui soient en état d'assurer le succès complet de la mesure de prévoyance indiquée ci-dessus. »

Le général Bourgon fit conduire à Mazas, le 5 dans la soirée, une cinquantaine d'insurgés pris la veille et détenus jusqu'alors à la caserne de la Courtille et à la Douane.

La garde républicaine formant une belle légion à pied et à cheval et commandée alors par un très-vigoureux officier, le colonel Gastu, fut retenue par le préfet de police, qui ne se croyait jamais assez bien gardé. Cette troupe d'élite eut peu à combattre. Cependant, plusieurs gardes, sous-officiers et officiers remplirent des missions difficiles et dangereuses. Le colonel fit au général Dulac, dans la brigade duquel se trouvait la garde républicaine, un rapport vrai, fort modeste, indiquant les ordres reçus et exécutés. Dans ce rapport, le colonel Gastu signalait quelques-uns de ses sous-ordres comme s'étant bien comportés.

Le général Magnan, nous l'avons dit, n'aimait pas le général Dulac, et cette animosité, ainsi que cela a trop souvent lieu, retombait en cascade sur tous ceux qui se trouvaient sous les ordres du commandant de la brigade de réserve. Au lieu d'apprécier la réserve du colonel Gastu, le général en chef mit en annotation sur son rapport :

« Ce rapport ne m'apprend rien et me confirme dans l'opinion que M. le colonel Gastu, avec 2,000 hommes de troupes d'élite, s'est laissé enfermer dans la préfecture. Envoyez les propositions au ministre.

Ce jugement était injuste. Il blessa le général Dulac et le colonel Gastu. Ce dernier déclara que chacun avait rempli énergiquement son devoir, avait fait ce qu'il devait faire et qu'il n'y avait pas lieu pour cela à propositions.

La nuit du 5 au 6 ne fut pas troublée ; le

6 au matin le général en chef manda au ministre de la guerre :

« La nuit a été très-calme ; les troupes rentrent dans leurs casernes. On se bornera à occuper les points les plus importants : les maisons sur les boulevards. La brigade Herbillon et le 51ᵉ de ligne occupent toujours les maisons des angles, dans les rues Rambuteau, Saint-Martin, Saint-Denis, Beaubourg, etc. Selon le rapport que m'en fera le général Levasseur, je verrai si je dois les faire évacuer cette nuit.

« La population, qui était tremblante et n'osait se prononcer, manifeste depuis hier la plus grande sympathie à nos soldats logés chez elle : on leur donne café, vin, tabac, vivres. Toutefois, je ne laisserai pas longtemps les troupes chez l'habitant, leur excellent esprit et la discipline pourraient avoir à en souffrir. »

Les rapports faits le 7 décembre à l'état-major général firent connaître que les patrouilles qui avaient parcouru les principaux débouchés dans la nuit n'avaient rien eu à signaler.

Les socialistes de Passy étaient exaspérés contre deux de leurs frères et amis, qui, ayant reçu de l'argent d'un représentant, le citoyen B..., pour le distribuer, se l'étaient approprié.

L'Imprimerie nationale, menacée à plusieurs reprises, avait été protégée par la gendarmerie mobile. Voici à ce sujet la lettre adressée le 6 décembre par le directeur, M. de Saint-Georges, au général Magnan :

« Monsieur le général, j'ai reçu hier matin la 2e compagnie de gendarmerie mobile que vous m'avez envoyée. Ce renfort m'a beaucoup servi, puisqu'il m'a permis de faire faire de fortes patrouilles dans les environs de l'Imprimerie nationale, de dissiper des attroupements assez nombreux qui se formaient sur quelques points, et d'arracher des proclamations incendiaires imprimées qu'on avait placardées sur plusieurs points du 7e arrondissement.

« Ces affiches étaient un nouvel appel aux armes. Il y aurait eu danger de les laisser exister davantage; car elles étaient une excitation à une nouvelle prise d'armes contre l'armée.

« J'envoyai d'abord un détachement de vingt-cinq gendarmes mobiles dans la direction de la rue Pastourelle, où une de ces affiches était apposée. L'officier qui commandait le détachement, après l'avoir arrachée, parcourut les diverses rues conscrites entre la rue Pastourelle et la rue Vieille-du-Temple sans en découvrir d'autres.

« A deux heures je fus informé que deux autres affiches semblables étaient placardées au coin de la rue Michel-Lecomte; j'invitai le capitaine de La Roche d'Oisy à faire partir une seconde patrouille, mais forte de cinquante gendarmes, pour les arracher et disperser un attroupement d'environ trois cents personnes qui les lisaient ou les commentaient. Cette mission s'accomplit sans difficulté.

« Ce qui augmentait la gravité de ces placards, c'est qu'ils étaient *imprimés*, qu'ils avaient dû être tirés à grand nombre, et que j'avais tout lieu de penser qu'on les avait affichés à profusion. Cependant il n'en avait pas été ainsi dans le rayon de l'Imprimerie nationale.

« Tout le reste de la journée se passa bien; seulement la rue Vieille du Temple fut sillonnée jusqu'à minuit par des individus qui semblaient accomplir une mission de surveillance démagogique. On en arrêta deux, qui ont été mis ce matin à la disposition du commissaire de police de la section.

« Aujourd'hui tout s'est bien passé.

« Cependant, il y a encore une sourde agitation. Des agitateurs bien vêtus continuent à surexciter les classes inférieures. Dans une réunion clandestine d'ex-représentants monarchiques, qui eut lieu hier soir, il fut décidé que la lutte devait continuer.

« J'avais l'intention, monsieur le général, de faire rentrer demain matin la compagnie de renfort. Mais devant les faits que je vous signale et qui s'augmentent encore par la journée du dimanche, je ne peux prendre une telle initiative. Vous seul pouvez apprécier l'opportunité de cette mesure. »

P. S. « Je ne veux pas laisser partir ce rapport sans vous dire, de nouveau, que les officiers, sous-officiers et gendarmes n'ont pas cessé d'être animés du meilleur esprit, et que j'ai trouvé en eux un concours qui ne s'est jamais démenti et qui prouve hautement quels sont les sentiments de ce corps. »

Le 6, tout paraissant complétement terminé à Paris, deux ordres du jour furent lus aux troupes. Les voici l'un et l'autre :

« Le général commandant en chef de l'armée de Paris porte à la connaissance de l'armée la proclamation suivante de M. le ministre de la guerre :

« Soldats,

« Vous avez accompli aujourd'hui un grand acte de votre vie militaire. Vous avez préservé le pays de l'anarchie, du pillage et sauvé la république. Vous vous êtes montrés ce que vous serez toujours, braves, dévoués, infatigables. La France vous admire et vous remercie. Le président de la république n'oubliera jamais votre dévouement.

« La victoire ne pouvait être douteuse ; le vrai peuple, les honnêtes gens sont avec vous.

« Dans toutes les garnisons de la France, vos compagnons d'armes sont fiers de vous et suivraient au besoin votre exemple.

« *Signé :* le ministre de la guerre,

« A. DE SAINT-ARNAUD. »

« Le général en chef est heureux d'avoir à transmettre aux troupes l'expression de la satisfaction du ministre de la guerre : il les remercie avec lui de leur généreux concours, fier plus que jamais de l'honneur de les commander. »

Le général commandant en chef porte à la connaissance des troupes composant l'armée de Paris, la lettre ci-après adressée au ministre de la guerre par M. le président de la république.

« Mon cher général,

« J'avais adopté le mode de votation avec la signature de chaque votant, parce que ce mode, employé autrefois, me semblait mieux assurer la sincérité de l'élection ; mais, cédant à des objections sérieuses et à de justes réclamations, je viens, vous le savez, de rendre un décret qui change la manière de voter.

« Les suffrages de l'armée sont presque entièrement donnés, et je suis heureux de penser qu'il s'en trouvera un assez petit nombre contre moi. Cependant, comme les militaires qui ont déposé un vote négatif pourraient craindre qu'il n'exerçât une fâcheuse influence sur leur carrière, il importe de les rassurer.

« Veuillez donc bien, sans retard, faire savoir à l'armée que, si le mode d'après lequel elle a voté est différent de celui d'après lequel voteront les autres citoyens, l'effet en sera le même pour elle, c'est-à-dire que je veux ignorer les noms de ceux qui ont voté contre moi.

« En conséquence, le relevé des votes une fois terminé et dûment constaté, ordonnez, je vous prie, que les registres soient brûlés. »

Deux des généraux de brigade de la division Levasseur, MM. Marulaz et Aulas-de-Courtigis, dont les troupes avaient bien combattu, trouvant sans doute qu'on ne faisait pas assez promptement connaître au pays les services qu'ils avaient rendus, eurent la pensée, contraire à toute discipline, de faire publier par les journaux une sorte de relation des opérations de leurs brigades.

Le général en chef leur infligea un blâme sévère et juste, et en prévint le ministre de la guerre. Ce fait donna lieu à la correspondance suivante :

Paris, le 9 décembre 1851.

Le général Magnan au général de Saint-Arnaud.

« Monsieur le ministre,

« J'ai l'honneur de vous transmettre copie d'une lettre de blâme que j'ai adressée à M. le général Levasseur, au sujet des communications que MM. les généraux Marulaz et Courtigis ont faites à des journaux sur les opérations de leurs brigades pendant les journées des 2, 3 et 4 décembre courant.

« L'initiative que ces officiers généraux se sont permis de prendre dans cette circonstance est d'une haute inconvenance, et je n'ai pas cru pouvoir me dispenser de les en blâmer sévèrement. »

Paris, le 9 décembre 1851.

Le général Magnan au général Levasseur.

« Mon cher général,

« Je n'ai pas vu sans une vive surprise que MM. les généraux Marulaz et Courtigis, de votre division, se soient permis d'adresser aux journaux des comptes rendus de leurs opérations pendant les journées des 3 et 4 décembre.

« Veuillez témoigner à ces officiers généraux tout mon mécontentement d'une démarche qui blesse toutes les convenances et viole les premières règles de la discipline et de la hiérarchie.

« Si je n'ai pu envoyer au ministre, aussitôt que je l'aurais voulu, un rapport officiel sur l'ensemble des événements, ce retard provient de celui que vous avez apporté vous-même à me faire connaître la part que les troupes de votre division y avaient prise.

« MM. les généraux Courtigis et Marulaz ne devraient pas douter que les services qu'ils avaient rendus ne fussent appréciés par vous et par moi comme ils le méritent et signalés au gouvernement et au pays par le rapport du général en chef. »

11 décembre 1851.

Le général de Saint-Arnaud au général Magnan.

« Général, j'ai reçu votre rapport du 9 de ce mois (n° 9253).

« J'approuve beaucoup le mécontentement que vous avez fait témoigner à MM. les généraux Marulaz et Courtigis; il était parfaitement mérité, du moment que leur coopération à une publication inconvenante était bien établie.

« Je partage entièrement votre manière de voir à ce sujet. »

Ajoutons que cet oubli de leurs devoirs des deux généraux ne nuisit en rien à leur avancement. M. de Courtigis, général de brigade de juillet 1848, fut promu divisionnaire le 22 décembre 1851, et M. Marulaz, brigadier du 3 août 1851, fut fait divisionnaire le 28 décembre 1855.

Le prince président ne fut pas avare de

récompenses pour les officiers qui avaient soutenu sa cause.

Le général Vaillant, qui commandait le génie au siége de Rome, fut créé maréchal pour faire pièce au général Oudinot et punir ce dernier de son opposition au 10ᵉ arrondissement. Saint-Arnaud et Magnan reçurent également le bâton à abeilles d'or, le jour même de l'inauguration du second empire. Les généraux de brigade Roguet, premier aide de camp du prince, Herbillon, Reibell, Dulac, Forey, furent promus au grade de général de division. MM. de Cotte, de Lourmel, Espinasse, Ney, furent nommés aide de camp du président, ainsi que le général Canrobert. Ce dernier hésita d'abord à accepter cette position. Sur les instances du colonel de Lourmel son ami, il finit par consentir à être attaché à la personne du prince Louis.

Les dispositions faites pour la lutte par le général Magnan avaient été si habiles et l'élan des troupes tel, que l'armée de Paris perdit peu de monde dans l'attaque des barricades : 25 hommes, dont un officier, furent tués ; 184, dont 17 officiers, furent blessés. Le colonel Quillico du 72ᵉ était de ce nombre, ainsi que son lieutenant-colonel Loubeau qui mourut de sa blessure.

La perte des insurgés fut beaucoup plus considérable. Quelques curieux, impossibles à éloigner malgré les supplications dont ils étaient l'objet, furent atteints. Quant à l'histoire faite de coups de fusil tirés par les soupiraux des caves, par des soldats ivres, ce sont de ces contes imaginés, colportés par les partis politiques ; de ces histoires à dormir debout, à reléguer avec celle du duel des généraux Saint-Arnaud et de Cornemuse dans les caves des Tuileries.

On soumit au ministre de la guerre une lettre écrite par le chef de musique de l'un des régiments de cavalerie en garnison aux environs de Paris. Ce sous-officier proposait une souscription à 1 franc le billet, pour offrir une épée d'honneur au président. Seuls les électeurs ayant voté pour le prince Louis seraient admis à prendre un billet.

Saint-Arnaud écrivit en marge de la lettre : « Que ce gaillard-là s'occupe de musique et non de loterie et d'épée d'honneur. »

Il nous reste, pour terminer ce récit, à revenir un instant à l'hôtel des Invalides.

Le 5 au matin, le ministre de la guerre crut devoir, par déférence pour l'oncle du président, envoyer un de ses aides de camp prévenir le prince Jérôme qu'à dix heures l'armée allait se mettre en mouvement et attaquer partout à la fois à coups de canon, de façon à en finir avec l'émeute.

Le général de Saint-Arnaud croyait, en effet, qu'il y aurait encore de la résistance à la pointe Saint-Eustache, sur l'emplacement où, la veille au soir, le 51e de ligne avait si vigoureusement combattu.

La troupe, comme on sait, n'eut à exécuter qu'une promenade.

La veille, dans une pensée identique à celle qui l'avait porté à prévenir le gouverneur des Invalides, Saint-Arnaud avait également envoyé au prince Jérôme un état de situation des troupes. Ce document avait été aussitôt saisi par le prince Napoléon et colporté sans doute dans les sociétés socialistes.

Le soir, le prince de la Montagne vint dîner chez son père. Ce dernier avait recommandé à ses aides de camp d'éviter toute discussion ; ainsi fut fait. Le repas se passa tristement.

M. Napoléon paraissait bouleversé. Lorsqu'on se leva de table, le prince Jérôme prescrivit à un de ses officiers de se rendre à l'état-major de la 1re division place Vendôme, dans sa voiture, et de demander au général Carrelet comment on avait osé exécuter au champ de Mars, le soir même, trente-sept personnes, sans autre forme de procès.

L'aide de camp regarda le vieux roi pour voir s'il était bien dans son bon sens ; il voulut faire une objection : l'ordre lui fut réitéré, et d'une façon si formelle qu'il n'y avait plus qu'à obéir.

Le général Carrelet écouta avec stupéfaction la question de l'officier et la lui fit répéter, n'en croyant pas ses oreilles. Voyant que la demande était sérieuse, il répondit en souriant :

« Dites à Son Altesse de se méfier des fausses nouvelles que l'on propage. Dites-lui bien que nous ne sommes pas des bourreaux.

Nous tuons en combattant, nous n'assassinons pas à huis clos. »

Le général voulut entrer ensuite dans beaucoup de détails sur la situation, parler des craintes que l'on pouvait avoir encore. L'envoyé du gouverneur le pria de lui permettre de ne pas écouter ses paroles, et le supplia surtout de ne rien dire qui pût avoir une importance quelconque, si on venait des Invalides.

« Pourquoi cela, monsieur ?

— Mon général, dit l'officier, parce que le prince Jérôme n'est pas seul à l'hôtel des vieux soldats.

— Je vous comprends et je vous remercie. »

De retour dans le salon du gouverneur, l'aide de camp rendit compte de sa mission.

« Ce sont des misérables ! s'écria le prince de la Montagne. Je suis sûr que l'exécution a eu lieu. »

Le prince de Canino venait d'entrer.

« Tous ceux qui vont à l'Élysée sont des

gueux, » ajouta le prince Napoléon en quittant brusquement l'appartement de son père.

Les autres aides de camp de Jérôme, entendant les derniers mots du prince Napoléon, déclarèrent au roi que, eux, qui allaient à l'Élysée pour obéir à ses ordres, ne pouvant accepter de telles paroles, se retiraient.

Une fois encore le pauvre père, désolé de la conduite de son fils, fit pour lui des excuses, affirmant que le prince n'avait entendu parler que des représentants.

Toutes ces tristes scènes ne pouvaient rester ignorées du président. On eût donc compris que le prince Louis eût témoigné son mécontentement. Il n'en fut rien : le président se borna à tenir l'oncle et le cousin à l'écart. Le prince Jérôme, inquiet de cette apparente indifférence et ne voulant pas d'ailleurs abandonner sa part du gâteau, se rapprocha de l'Élysée et fit visite à son neveu.

Le lendemain, à propos du *Te Deum* qui devait être chanté à Notre-Dame, il lui écrivit :

« Mon cher neveu, j'ai oublié de te dire hier soir, que si tu croyais que ma présence auprès de toi au *Te Deum* pût être utile à notre cause (malgré mon système de retraite), je suis prêt à t'accompagner. Ne vois, je te prie, dans cette offre qu'un désir de pouvoir, malgré mon âge et ma position tout exceptionnelle, être utile à mon pays et à toi. Aussi, tu ne dois te décider par aucun motif et me dire tout franchement *oui* ou *non*, selon que tu juges ma présence utile ou inutile. — Je t'embrasse tendrement. Ce sera, après quarante et un ans, la première fois que je mettrai les pieds à Notre-Dame, lors du baptême du roi de Rome. »

Toutefois, la conduite du prince Napoléon ne s'était pas modifiée. Les propos grossiers qu'il tenait contre son cousin étant de plus en plus forts, ce dernier insinua à son oncle qu'il ferait bien de voyager quelque temps à l'étranger avec son fils, jusqu'à ce que l'exaltation démagogique de M. Napoléon fût calmée.

Le 14 décembre, le prince Jérôme écrivit au prince Louis :

« Mon cher neveu, j'ai pris toutes mes mesures pour partir avec mon fils. Je n'attends plus que la réalisation de ce que tu fais pour moi et le congé du ministre de la guerre. Voici quel est mon projet : de me rendre directement à Bruxelles, d'où j'enverrai mon fils à Londres pour réaliser la vente des objets qui sont entre les mains de M. L........ ce qui me mettra à même, avec mon *arriéré* de solde, de faire face à mes engagements en Italie et de vivre avec mes appointements. Ma position ici, tu en conviendras, n'est pas très-belle. Je dis plus : restant, comme je le suis, étranger même à tout ce qui concerne ma famille, c'est un rôle pénible aussi bien pour toi que pour moi. De Bruxelles je compte aller en Italie chercher la marquise, *et là j'attendrai* que tu m'annonces que tu désires mon retour. Tout cela emploiera quelques mois, pendant lesquels tu auras le temps de prendre toutes les mesures que tu jugeras convenable à ta position, et j'espère alors pouvoir te ramener un cousin et un ami que tu n'aurais jamais dû éloigner de toi. Aussitôt que je serai prêt, j'irai t'embrasser et te dire adieu. Si tu voulais, lorsque je serai dans les différents pays, me charger de quelque mission confidentielle, je m'en chargerai avec plaisir. »

Ce second voyage ne fut pas plus entrepris que le premier. Le prince Napoléon voulait bien voyager, mais, comme il le fit par la suite, avec toutes ses aises et aux frais de l'État, sur de bons navires bien aménagés. Peut-être, en voyant le triomphe du prince Louis, le père et le fils ne voulurent-ils pas quitter la France ; peut-être enfin le président lui-même fut-il bien aise de garder son oncle en France pour le mettre à la tête du sénat, ce qui ne tarda pas à avoir lieu.

Le prince Louis eût été satisfait de voir l'ex-roi Jérôme à ses côtés aux Tuileries, à la réception du 1er janvier 1852. Il lui fit faire des ouvertures dans ce sens par M. Vieillard, mais le vieux roi, sous l'impulsion de son fils, prenant un ton de monarque offensé, ton assez ridicule, répondit le 30 décembre 1851 :

« Mon cher neveu, tu sais que j'aime à penser tout haut avec toi, auquel je porte la plus tendre affection ; je ne veux donc pas te cacher que la communication que M. Vieillard m'a faite de ta part m'a autant surpris qu'affligé.

« Je puis avec bonheur, lorsqu'il s'agit d'être avec toi, faire abstraction de tous mes antécédents ; mais penser que je puisse aller à une cérémonie quelconque sans ce puissant motif, c'est me croire capable d'oublier tout mon passé. Je ne suis rien officiellement hors de l'enceinte des Invalides ; c'est pour cela que je n'ai jamais voulu paraître dans une cérémonie ni réception. Je me regarde comme étant venu aux Invalides pour y mourir à côté du tombeau de l'empereur mon frère.

« Si donc tu envisageais ma position autrement que je ne le fais moi-même, je ne pourrais que te demander de quitter la France et d'aller mourir sur la terre étrangère. Ne vois dans tout cela, mon cher neveu, que l'expression franche et loyale de ma pensée, que je tiens à te faire connaître.

« Je t'embrasse tendrement et suis ton affectionné oncle.

« M. Vieillard ne m'a pas fait connaître quand je pourrai aller t'embrasser, à l'occasion de la nouvelle année. »

Mais s'il ne voulait pas se montrer en public auprès de son neveu, parce qu'il semblait jouer ainsi un rôle secondaire, le roi Jérôme ne voulait pas non plus que sa personnalité fût oubliée dans les mises en scène du gouvernement. Il fut blessé dans son orgueil, en voyant que les journaux officieux ne faisaient pas mention de lui dans les comptes rendus des cérémonies du 1er janvier. Il adressa à ce sujet au président la lettre suivante, le 7 janvier :

« Mon cher neveu, je t'ai prouvé et je te prouve journellement avec quelle abnégation je me réunis à toi. J'oublie mon âge et mon passé ; j'avais donc droit d'espérer ne pas être passé sous silence, comme dans la *Patrie*, ou mentionné comme par hasard, comme un homme de la suite, ainsi que l'a fait le *Constitutionnel*.

« Frère de l'empereur et ton oncle, je ne puis être oublié, où je me trouve ; les journaux étant aujourd'hui sous la censure et les deux journaux en question étant les plus favorables, ce qu'ils disent ou ne disent pas est donc avec l'attache du gouvernement.

« En vérité, mon cher neveu, ma conduite ne

méritait pas de pareilles offenses. Je devrais au contraire espérer qu'on rendrait quelque justice à mon abnégation et qu'on ne chercherait pas toutes les occasions de me mettre sous les pieds. M'abaisser n'est pas te relever, bien au contraire, et il me semble qu'il était assez beau à voir, après un demi-siècle, le même frère de l'empereur rentrer aux Tuileries avec son neveu, pour qu'on le mentionnât. Je t'ai promis de penser toujours tout haut avec toi, que j'aime tendrement. Je le fais. Je t'embrasse tendrement et suis ton affectueux et dévoué oncle. »

Jérôme, ne se sentant plus à l'aise à l'hôtel des Invalides, eut l'idée d'habiter avec son neveu les Tuileries. Son neveu, sans lui répondre ni oui ni non, le laissa dans la persuasion que son désir serait satisfait. Il n'en fut rien. Le vieux roi mécontent écrivit :

« Mon cher neveu, depuis que j'ai eu le plaisir de te voir et que nous sommes convenus que j'irais demeurer avec toi aux Tuileries, aujourd'hui je n'ai plus entendu parler de rien, de sorte que j'ignore (quelques mots illisibles dans le brouillon au crayon) si je dois aller directement aux Tuileries, ni à quelle heure, qui m'y recevra, s'il y aura des toast de portés et si je dois en porter ou y répondre, etc. Enfin, je te prie de m'éclairer sur tout cela, afin de ne pas me trouver embarrassé, ni au-dessous de ce que je dois paraître ; si je t'accompagne à l'Opéra ; enfin, mon neveu, ne te gêne en rien pour moi, qui ne veux que t'aider, si je le puis, mais jamais t'embarrasser. »

Tant que dura la présidence, la conduite, le langage du prince Napoléon ne se modifièrent pas. C'est tout au plus s'il pardonnait à son père d'habiter le Luxembourg et d'être président du sénat.

En novembre 1852, après le voyage du président dans les provinces, la question du rétablissement de l'empire étant résolue, celle de l'hérédité fut mise sur le tapis. Le sénat, composé de personnages dévoués au prince Louis, avait une grande répulsion pour le prince de la Montagne. Les plus influents agirent sur le chef de l'État pour que l'hérédité ne tombât pas aux mains de la famille Jérôme.

M. Napoléon se souvint alors qu'il était fils de roi et de reine, neveu d'empereur. Il trouva fort mauvais que l'hérédité impériale ne fût pas rétablie en sa faveur, et il força son père à donner sa démission de président du sénat et à écrire à son neveu la lettre ci-dessous, datée du 6 novembre 1852 :

« Monseigneur, l'hostilité d'une partie du sénat et les concessions acceptées par votre gouvernement me font prendre un parti dicté par une conviction profonde et par le soin de ma dignité. Je viens remettre entre vos mains ma démission de président du sénat.

« Les acclamations populaires dont vous avez été l'objet pendant votre voyage, les adresses des corps électifs et l'affluence des pétitions avaient créé à votre gouvernement le devoir de saisir le sénat de la grande question du rétablissement de l'Empire.

« Le sénat convoqué, dix de ses membres ont signé une proposition ; avant de la soumettre à leurs collègues, ils en avaient arrêté le fond et la forme de concert avec Votre Altesse Impériale. C'était juste et sage.

« Je ne rappellerai pas avec quel soin cette proposition fut débattue par Votre Altesse Impériale, par les ministres et les membres du sénat ; vous savez combien l'examen de toutes les questions soulevées par le projet de sénatus-consulte fut sérieux, long et approfondi. Le gouvernement fit connaître toute sa pensée et la soutint avec une conviction qu'il sut faire partager aux auteurs du projet. Ce projet puisait ses dispositions dans des sénatus-consultes de l'an XII et de 1806. Il reconstituait l'hérédité napoléonienne, telle qu'elle fut établie par l'empereur, et rattachait ainsi 1804 à 1852, en même temps qu'il fortifiait le principe de la dynastie napoléonienne, violemment brisée par les étrangers en 1815.

« Mais cela ne pouvait satisfaire les ennemis de notre cause. Les partisans des dynasties déchues, bien qu'honorés de votre confiance et comblés de vos faveurs, n'ont jamais renoncé à voir renaître le régime de leur prédilection. Ils devaient être hostiles à des dispositions qui assuraient la stabilité du nouvel ordre de choses et conspirer sourdement contre un acte dont, à leurs yeux, le plus grand défaut est de garantir l'avenir. Réunissant leurs efforts, ils parvinrent à faire nommer par le sénat une commission dont les membres sont pour la plupart opposés à notre dynastie.

« Le premier acte de cette commission fut d'exiger l'extension de la faculté d'adoption en dehors des Bonaparte, la suppression de toute indication d'hérédité et le retrait de mon nom dans le plébiscite soumis au vote du peuple. Elle insista surtout pour que le principe d'hérédité qui reliait le passé à l'avenir fût remplacé par une disposition qui laissait à l'empereur seul, le droit de désigner son successeur. Ces deux dernières modifications ont été accueillies par le gouvernement de Votre Altesse Impériale.

« La discussion n'a pas même été portée devant le sénat, et votre gouvernement a abandonné presque sans lutter un projet dicté par lui et sur le maintien duquel j'avais droit de compter.

« Dans, cette situation, mon honneur et mes antécédents m'empêchent de concourir à l'établissement de l'Empire sur des bases que je crois mauvaises. Je suis trop heureux de m'effacer complétement, afin d'ôter jusqu'au moindre prétexte à ceux qui croient que le dernier frère de l'empereur et son fils sont des obstacles à la fondation du nouvel ordre de choses. Ces obstacles, ils disparaissent.

« Permettez-moi, Monseigneur, avec la franchise que vous me connaissez, avec mes soixante-dix années d'expérience et la tendre affection que je vous porte, de vous dire toutes mes appréhensions en vous voyant céder à des hommes qui sont nos ennemis. »

Nous avons cru que ces derniers détails, formant une page d'histoire et en quelque sorte une préface à la création du second empire, pourraient intéresser.

LIVRE VI

RAPPORTS DES GÉNÉRAUX COMMANDANT LES DIVISIONS.

Premier rapport du général Carrelet (1re division). — Deuxième rapport du général Carrelet. — Premier rapport du général Renault (2e division). — Troisième rapport du général Carrelet. — Deuxième rapport du général Renault. — Rapport unique du général Levasseur (3e division). — Rapport du colonel de Lourmel (51e de ligne).

Le général Carrelet au général Magnan.

Paris, 4 décembre 1851, huit heures
et demie du soir.

« Mon général,

« J'ai l'honneur de vous rendre compte qu'aujourd'hui, à deux heures de l'après-midi, les troupes de ma division ont occupé les positions suivantes :

« La brigade Bourgon, de la porte Saint-Denis à la porte Saint-Martin.

« Les brigades de Cotte et Canrobert, massées sur le boulevard à la hauteur de la rue de la Paix.

« La brigade de cavalerie du général Reibell, dans la rue de la Paix.

« De fortes barricades avaient été élevées à la porte Saint-Denis, Saint-Martin, du Petit-Carreau, rue Rambuteau, rue du Faubourg Saint-Martin et le long du canal.

« La brigade Bourgon, arrivée la première, balaya le boulevard jusqu'à la porte Saint-Denis et attaqua la première barricade élevée à l'entrée de cette rue.

« Arrivé avec le reste de la division à la hauteur de la rue Saint-Denis, j'y engageai le général de Cotte, tandis que le général Bourgon gagnait la rue du Temple, faisait tête de colonne à droite, gagnait la rue Rambuteau où des barricades étaient signalées. Un bataillon du 15ᵉ léger était lancé dans la rue du Petit-Carreau, déjà barricadée.

« Au moment où les brigades Bourgon et de Cotte pénétraient au centre de la ville, la tête de colonne du général Levasseur débouchait sur le boulevard, de la rue Saint-Martin. Le général Canrobert, prenant position à la porte de ce nom, reçut ordre d'enlever la barricade de la rue du Faubourg Saint-Martin, de la fouiller jusqu'au canal.

« Ces différentes opérations ont été conduites

avec une grande énergie et un rare succès.

« Les barricades, attaquées d'abord à coups de canon, ont été enlevées à la baïonnette. Toute la partie de la ville qui s'étend entre la porte Saint-Martin, la rue Rambuteau et la pointe Saint-Eustache a été fouillée, les barricades enlevées, détruites et brûlées, les insurgés dispersés et tués.

« A cinq heures et demie, les troupes étaient revenues à leurs positions sur le boulevard.

« Pendant ce temps, la brigade Reibell nettoyait les boulevards, depuis la Madeleine jusqu'au boulevard Poissonnière. Elle a essuyé une assez vive fusillade sur le boulevard Montmartre, partie des maisons du boulevard. Des tirailleurs d'infanterie, que j'avais laissés au général Reibell, ont éteint le feu ennemi. A cinq heures et demie nous n'avions plus d'ennemis devant nous. J'ai laissé en position, depuis le boulevard du Temple jusqu'à la porte Saint-Denis, le général Bourgon, avec le 33e de ligne, le 15e léger et le 49e de ligne. De fortes patrouilles sur les lieux théâtre du combat fourniront le service de ces trois corps. Le général Reibell, avec un régiment de lanciers, éclairera toute la ligne du boulevard depuis la Madeleine jusqu'à la Bastille, jusqu'à minuit.

« Demain matin, les troupes, rentrées ce soir dans leurs quartiers, vont prendre la place des régiments au bivouac, ou même s'y établiront au besoin avec eux. Je n'ai que des éloges à donner à la conduite des troupes sous mes ordres, officiers et soldats.

« Je dois dès à présent vous signaler l'énergie et le sang-froid dont ont fait preuve les généraux Bourgon, Reibell, Canrobert et de Cotte. Malheureusement les opérations, assez compliquées, n'ont pu s'exécuter sans que nous ayons à déplorer quelques pertes sensibles, entre autres celle du lieutenant-colonel Loubeau, mortellement blessé en même temps que son colonel, M. Quillico, l'était légèrement.

« J'aurai l'honneur, dès que les rapports particuliers me seront parvenus, de vous faire connaître l'état de nos pertes, ainsi que le nom des militaires de tout grade qui se sont particulièrement distingués. »

Second rapport du général Carrelet.

« Mon général, pour faire suite à mon rapport du 4 décembre courant, huit heures et demie du soir, j'ai l'honneur de vous transmettre ci-après un extrait de ceux qui me sont parvenus ce matin, à la suite des événements d'hier.

1re *brigade*. « M. le général commandant la 1re brigade fait connaître que le 15e léger est en ce moment sous les ordres de M. le général de *Bourgon* et qu'il est à sa connaissance que M. le lieutenant *Picard* est gravement blessé et qu'il y a eu deux ou trois hommes tués à l'attaque d'une barricade vigoureusement enlevée par M. le commandant *Roussillon*.

« Les opérations de la brigade se sont bornées, pour le 72e de ligne, à la prise d'une barricade, à l'entrée de la rue Saint-Denis ; cette barricade a coûté beaucoup de monde, et les insurgés n'ont eu personne de tué.

2e *brigade*. « La brigade a pris les armes à une heure de l'après-midi. La colonne, à son arrivée sur le boulevard, a trouvé à sa droite, boulevard Poissonnière, une foule immense que M. le général Bourgon a fait disperser par deux compagnies du 33ᵉ de ligne, au pas de course, et à sa gauche, boulevard Bonne-Nouvelle, une première barricade non défendue et derrière laquelle on apercevait plusieurs insurgés.

« Cet officier général a pris ensuite ses dispositions pour prendre en flanc les barricades qu'il a fait attaquer de front ; il a déblayé trois ou quatre barricades abandonnées jusqu'à la hauteur de la porte Saint-Denis ; il a dû employer du canon pour faire évacuer celle placée à cette porte et celle de la porte Saint-Martin.

« Le 28ᵉ de ligne, engagé le premier, a eu environ dix blessés, dont un officier ; le 33ᵉ a eu six blessés, dont un mortellement et un autre très-dangereusement.

« Le général Bourgon a pris ensuite la direction des boulevards ; la barricade de la porte Saint-Martin n'étant pas défendue, il l'a fait déblayer et il a passé outre jusqu'à la rue du Temple où il s'est engagé.

« Il a trouvé une barricade abandonnée à

la hauteur de la rue Michel-Lecomte ; il s'est rendu ensuite sur le boulevard du Temple, où il a pris position.

« Pendant ce temps le commandant *Bach* suivait la rue des Petites-Écuries ; arrivé à la hauteur de celle du Faubourg Saint-Denis, il a trouvé en avant de lui, rue Neuve Saint-Jean, une barricade qu'il a fait enlever ; une autre barricade s'élevait sur ce point dont il a essuyé le feu. Deux grenadiers ont été légèrement blessés, ainsi que le lieutenant *Macquaire ;* ce dernier très-légèrement.

« Le colonel du 58e ayant fait connaître que des insurgés occupaient la rue des Vinaigriers, le général a fait partir le commandant Duportal, du 33e, avec un bataillon. Cette rue avait été balayée antérieurement par un bataillon de chasseurs, mais les insurgés y rétablirent des barricades. Poussés par la colonne Duportal, ils ont abandonné leurs armes et les barricades. Trente hommes environ y ont été faits prisonniers et conduits à l'entrepôt des Douanes.

« Le général *Bourgon* termine son rapport en rendant compte que la barricade de la rue Rambuteau a été enlevée hier au soir à quatre heures et demie par le commandant Bax, du 33ᵉ; six insurgés ont été tués.

3ᵉ *brigade*. « Les troupes sont sorties de leurs casernes à une heure et demie et se sont portées sur les boulevards. A la hauteur du boulevard Poissonnière, des coups de feu sont partis des maisons de droite et la troupe a riposté ; il s'en est suivi une vive fusillade. Les chevaux de l'artillerie, nullement habitués au bruit de la mousqueterie, se sont cabrés et défendus, ont brisé les raies et les avant-trains ; en un clin d'œil, la batterie qui accompagnait le général Canrobert a été mise hors d'état de lui rendre service. Elle a même forcé cet officier général à se dégarnir d'un bataillon, qu'il a dû lui laisser comme soutien, lorsqu'il s'est porté en avant.

« Il a ensuite continué sa marche jusqu'à la porte Saint-Martin, où il s'est arrêté pour attaquer, d'après mes ordres, les barricades du faubourg Saint-Martin. Il a laissé dans cette rue le 5ᵉ bataillon de chasseurs à pied, commandé par M. le chef de bataillon *Levassor*, qui a enlevé avec une vigueur remarquable les obstacles qu'il a eu à franchir.

« Les capitaines *Cambriels* et *Hurvoy* étaient à l'avant-garde; dans cette opération ce bataillon a eu cinq hommes tués et quatorze blessés, dont un officier M. *Schmidt*.

« Pendant que ce mouvement s'opérait, le 1er bataillon du 27e de ligne, sous les ordres du colonel Peyssard, continuait sa route jusqu'au Château-d'Eau et tournait à droite dans la rue du Faubourg du Temple, avec ordre de la suivre jusqu'au canal et de faire jonction avec le 5e bataillon de chasseurs.

« Environ cinquante insurgés ont été faits prisonniers.

4e *brigade.* « M. le général Dulac s'est rendu à la pointe Saint-Eustache avec un bataillon du 43e et une demi-batterie du 6e d'artillerie.

« Il a trouvé sur cette position le 3e bataillon du 51e, et il a été rejoint plus tard par un bataillon du 19e de ligne et l'autre demi-batterie de sa brigade.

« Après avoir pris position à l'entrée des rues Montorgueil et Montmartre, il a donné l'ordre au colonel du 51e de se disposer à attaquer les barricades construites dans la rue Rambuteau. Elles étaient au nombre de trois;

la première n'a pas été défendue ; il n'y avait personne derrière la seconde, mais lorsque la compagnie de grenadiers du 51ᵉ, qui avait été laissée dessus, s'en est approchée, elle a été reçue par une fusillade partant des fenêtres des maisons environnantes.

« Dans cette lutte six militaires furent atteints, au nombre desquels se trouvent M. le lieutenant *Dumas* et le sergent *Tremblay* du 51ᵉ, qui, l'un et l'autre, ont agi avec une grande vigueur. M. *Dumas* a reçu des coups de feu, dont l'un lui a fracturé la jambe droite.

« La deuxième barricade enlevée ainsi que es maisons environnantes, le général Dulac a fait attaquer les maisons précédant la barricade de la rue Saint-Martin, contre laquelle il a fait braquer une pièce, mais non tirer, parce qu'il s'est aperçu que la brigade Herbillon l'attaquait à revers.

« Cette barricade ainsi attaquée a été bientôt enlevée.

« A partir de ce moment le général Dulac n'a plus éprouvé de résistance et il est resté maître de toute la rue Rambuteau jusqu'à la rue Beaubourg.

« C'est dans cette position qu'il a reçu l'ordre de M. le général en chef de revenir aux Tuileries avec le bataillon du 19ᵉ, la batterie d'artillerie et les blessés.

« Beaucoup d'arrestations ont été opérées sur le boulevard par la 1ʳᵉ compagnie du 2ᵉ bataillon de gendarmerie mobile.

« Les états nominatifs des militaires tués ou blessés ne me sont pas encore parvenus ; j'aurai l'honneur de vous les soumettre sous peu.

« Des patrouilles ont circulé toute la nuit. — Rien de nouveau n'a été signalé. »

Rapport du général Renault.

4 décembre, huit heures du soir.

« Mon général, j'ai l'honneur de vous rendre compte que, conformément à vos ordres, je me suis porté, avec les brigades Forey et Ripert, sur mes positions de combat. La brigade Ripert, partie à deux heures trois quarts de l'École militaire, a suivi l'avenue de Lamothe Piquet, la rue de Grenelle Saint-Germain et la rue du Vieux-Colombier. La brigade Forey marchait à la même hauteur que la précédente, en suivant la rue Saint-Dominique, Taranne Sainte-Marguerite, et est arrivée à la place du Panthéon à quatre heures.

« La brigade Ripert s'est établie sur la place Saint-Sulpice ; quelques groupes se sont formés aux abords de la place ; je les ai fait charger dans la rue des Canettes ; tous se sont dispersés sans la moindre oppositisn.

« En arrivant au Panthéon, j'ai reçu d'un agent de police l'avis que des rassemblements se formaient vers la place Maubert ; que des placards étaient affichés au milieu des groupes, et que la police ne se sentait pas assez en force pour les arracher.

« J'ai immédiatement donné des ordres pour diriger vers ces quartiers des patrouilles pour balayer tout ce qui pourrait se rencontrer.

« Un bataillon avec le général Forey est descendu par la rue de la Montagne-Sainte-Geneviève sur la place Maubert. En même temps un bataillon suivait la rue Saint-Jacques et a fait sa jonction sur la place Maubert avec le général Forey. Un bataillon du 37e suivait aussi la rue de la Harpe jusqu'à la place du pont Saint-Michel, et le général Ripert, avec un bataillon et deux compagnies, partant de la place Saint-Sulpice, suivait la rue Saint-André des Arts, la rue de la Harpe et la rue de l'École de Médecine. Tous les mouvements se sont faits en même temps, et de cette manière les plus mauvais quartiers de la rive gauche étaient parcourus simultanément. Les groupes se sont dispersés partout sans résistance, et les cris ont cessé ; sur la place Maubert, l'hostilité ne s'est pas manifestée par des actes ; aucune barricade n'a été élevée, pas un pavé n'a bougé. Nous avons fait arracher les placards, je vous en envoie un. Ces patrouilles sont rentrées sans avoir eu d'engagement. Le général Forey s'est porté ensuite sur le quartier Mouffetard, et a poussé jusqu'à l'église Saint-Médard, où quelques émeutiers s'étaient réunis ; ils se sont enfuis à l'approche du général, qui a fait occuper ce point important par un bataillon du 14e de ligne.

« Ainsi, à cinq heures du soir, mes troupes sont disposées de la manière suivante :

« Halle au vin : 3 compagnies du 56e de ligne.

« Chemin de fer d'Orléans : 3 compagnies du 56ᵉ de ligne.

« École polytechnique : 3 compagnies du 56ᵉ de ligne.

« Sorbonne : 2 compagnies du 6ᵉ bataillon de chasseurs.

« Eglise Saint-Médard : 1 bataillon du 14ᵉ de ligne.

« Barrière d'Italie : 3 compagnies du 56ᵉ de ligne.

« Le reste de la brigade Forey au Panthéon.

« La brigade Ripert sur la place Saint-Sulpice.

« La brigade Sauboul au Luxembourg.

« A l'église Saint-Séverin, un bataillon du 37ᵉ de ligne.

« Je vais diriger de nouvelles patrouilles dans ces mauvais quartiers. L'effet produit par cette première reconnaissance a été immense sur la population, qui a été terrifiée par l'apparition des troupes. Il est fort douteux que des barricades soient élevées ce soir dans ce quartier, et que la tranquillité soit troublée sur la rive gauche. Il n'y a pas en ce moment la moindre barricade. Tout jusqu'à ce moment se réduit à des groupes, qui cèdent et se dispersent à la moindre sommation et à l'apparition de la troupe. Les émeutiers ne veulent pas, à ce qu'il paraît, engager le combat. »

Le général Carrelet au général Magnan.

Paris, 5 décembre 1851.

» Mon général,

« J'ai l'honneur de vous rendre compte que, conformément à vos ordres, j'ai marché le matin à neuf heures sur le faubourg Poissonnière avec deux bataillons du 27e de ligne et le 5e bataillon de chasseurs, six pièces de canon et une compagnie du génie, sous les ordres du général Canrobert. La barricade de la rue Rochechouart, qui nous avait été signalée, a été abordée avec toutes les précautions ordinaires ; mais elle n'a pas été défendue. Un avis m'étant parvenu qu'une barricade avait été élevée à la barrière Poissonnière ; je dirigeai sur ce point le général Canrobert, qui trouva la barricade déserte.

« Je prescrivis alors à cet officier général de redescendre sur le boulevard Saint-Denis en deux colonnes, l'une par la rue du Faubourg Saint-Denis, l'autre par la rue du Faubourg Saint-Martin et de prendre position à la porte Saint-Denis. J'ai dirigé en même temps le 3e léger, que vous veniez de m'envoyer, sur la commune de Montmartre, avec ordre de voir le maire et de le tranquilliser sur les craintes qu'il m'avait exprimées.

« Ce régiment dut regagner le boulevard par la rue du Faubourg Montmartre et prendre position au débouché de cette rue. De ma personne et suivi d'un escadron de lanciers et d'une compagnie de gendarmerie mobile, j'ai parcouru les boulevards extérieurs et les communes *extra muros*, depuis la barrière de Rochechouart jusqu'à la barrière Ménilmontant.

« Partout j'ai parlé, ou fait parler aux maires. La commune de la Chapelle a été hier le théâtre d'un combat entre deux compagnies du 28e de ligne et d'une bande d'insurgés occupant plusieurs barricades à la barrière. Les barricades ont été enlevées, une quinzaine d'insurgés tués. Les deux compagnies établies à la mairie suffirent pour assurer le repos de cette commune. Ainsi que vous me l'aviez prescrit, j'ai fait rétablir partout les communications ; je n'ai perdu aucune occasion de faire entendre des paroles d'encouragement ; partout dans les faubourgs, on m'a répondu par des protestations de dévouement à l'ordre.

« Les communes de Belleville et de Ménilmontant ont mis sur pied leurs gardes nationaux qui m'a reçu militairement ; je les ai harangués, et ils m'ont répondu par les plus vives acclamations.

« Le maire de Ménilmontant était à la tête des gardes nationaux ; je leur ai promis de faire connaître leur belle conduite au gouvernement.

« Redescendu sur le boulevard par la rue Ménilmontant, j'ai trouvé toutes les troupes de ma division en position, depuis la rue Ménilmontant jusqu'au boulevard Montmartre, échelonnées dans l'ordre suivant : la brigade de Bourgon, la brigade de Cotte et la brigade Canrobert. J'ai donné l'ordre que toutes les troupes, qui ont passé la nuit hors de leur quartier y rentrassent à cinq heures.

« Les boulevards ne sont plus occupés que par trois régiments logés militairement dans les maisons formant les angles et les débouchés principaux.

« Le général Canrobert passera la nuit avec les trois régiments dont il a le commandement. »

Rapport du général Renault (2ᵉ division) au commandant en chef.

Au quartier général du Luxembourg,
5 décembre 1851.

« Mon général,

« J'ai l'honneur de vous rendre compte que je viens de parcourir les quartiers du 11ᵉ et du 12ᵉ arrondissement, avec un peloton de cavaliers et des compagnies d'élite d'infanterie. J'ai visité la place Saint-Sulpice, où la brigade du général Ripert est en position. J'ai parcouru la rue Saint-André des Arts, la place du pont Saint-Michel. J'ai visité les postes de la halle aux vins, de la gare du chemin de fer d'Orléans, de l'église Saint-Médard, et je suis rentré au Panthéon par la rue Mouffetard. Je n'ai trouvé sur mon passage qu'une foule respectueuse, saluant l'autorité, et au milieu de laquelle on ne voyait aucune agitation apparente.

« Ces quartiers, qui donnent ordinairement tant de contingents à l'émeute, sont tranquilles et sympathiques au gouvernement ; rien ne fait prévoir que la tranquillité y soit troublée.

« Le général Forey est arrivé au Panthéon à une heure et demie.

« J'ai donné des ordres pour que toutes les troupes fussent abritées dans les bâtiments voisins des positions qu'elles occupent. La brigade Ripert occupe l'église Saint-Sulpice et le séminaire, un bataillon de piquet reste sur la place. La brigade Forey occupe l'intérieur du Panthéon et ne laisse également qu'un bataillon sur la place. La brigade Sauboul est en entier dans le Luxembourg.

« Les patrouilles qui circulent dans les rues ne signalent rien de nouveau. Tout est calme, et, malgré les avis nombreux que j'en ai reçus, il ne s'est manifesté au carrefour de la Croix-

Rouge pas le moindre symptôme. Ce point est d'ailleurs depuis hier occupé par trois compagnies.

« J'attends vos ordres pour les dispositions à prendre pour la nuit.

En post-scriptum. « J'en suis donc réduit à avoir désiré que la tranquillité fût troublée pour que la leçon pût servir aux éternels ennemis du pays, pour les confirmer dans l'opinion qu'ils peuvent avoir de l'armée qui leur a déjà infligé un juste et terrible châtiment. »

Rapport du général Levasseur (3ᵉ division) sur les opérations de la division pendant les journées des 2, 3, 4 et 5 décembre 1851.

Paris, 7 décembre 1851.

« Mon général, j'ai l'honneur de vous rendre compte des opérations de ma division pendant les journées des 2, 3, 4 et 5 décembre.

« Dès *le* 2, au matin, pendant que mes

2ᵉ et 3ᵉ brigades étaient consignées dans leurs quartiers, la 1ʳᵉ *brigade, général Herbillon*, occupait la place de l'Hôtel-de-ville.

« *Le* 3, au matin, la *brigade Marulaz* avait le premier engagement dans le faubourg Saint-Antoine.

« Vers cinq heures du soir, la *brigade Herbillon* déblayait la rue Rambuteau, le carré Saint-Martin, le pâté des rues Beaubourg, Transnonain, Aumaire et Grenier Saint-Lazare.

Le 4, d'après le mouvement général combiné par le général en chef, pendant que le 51ᵉ était envoyé pour pénétrer dans le foyer de l'insurrection, par la pointe Saint-Eustache, la *brigade Herbillon*, formée sur deux colonnes, de l'une desquelles j'ai pris moi-même le commandement, s'engageait par les rues du Temple, Rambuteau et Saint-Martin. La *brigade Marulaz* opérait dans le même sens, par la rue Saint-Denis, et jetait la *colonne légère de M. le colonel de Lamotte-Rouge*, du 19ᵉ léger, dans les rues transversales.

« Dans cette marche en ligne de ma division vers le boulevard, pour se réunir à la 1ʳᵉ *division Carrelet*, qui, d'après vos ordres, marchait à ma rencontre, tous les obstacles ont été franchis sous le feu des insurgés, avec autant d'énergie que de promptitude.

« La colonne de la rue du Temple, débouchant la première sur les boulevards, marche sur la porte Saint-Martin, et prend à revers les premières barricades de la rue Saint-Martin.

« La réussite de ce mouvement général a été complète. L'insurrection, prise par cinq côtés à la fois, n'a plus pu relever un seul pavé.

« La *journée du* 5, employée à occuper militairement les maisons d'angles du quartier, à rétablir le pavage, à favoriser la circulation, à rassurer les habitants, à faire rouvrir les boutiques, à montrer à toute la population la belle attitude de nos soldats, couronne d'un succès complet l'œuvre de ma division.

« Pendant ce temps, la *brigade de Courtigis*, accomplissant la même tâche dans le faubourg Saint-Antoine, y rétablit l'ordre le plus parfait.

« Toutes les troupes que je crois nécessaire de conserver dans leurs positions y passent la nuit.

« Le 6, à cinq heures du soir, les troupes de ma divsion sont dans leurs casernes, laissant deux compagnies aux Arts-et-Métiers et un bataillon à la halle aux draps. Ce bataillon est remplacé par quatre compagnies de gendarmerie mobile.

« Pendant la journée du 4, après le départ des colonnes, l'Hôtel de ville, protégé seulement par un bataillon du 6ᵉ léger, avec une seule pièce d'artillerie, a reçu quelques coups de fusil des maisons et rues avoisinantes.

« Les troupes ont riposté, mais sans sortir, suivant mes ordres, et comme c'était leur devoir. Leur bonne attitude a arrêté ce commencement d'attaque.

« Si la fatigue a été grande, l'énergie et l'entrain des officiers, comme des soldats de toutes armes, n'ont pas fait défaut un seul instant. Chacun a rivalisé d'élan et de dévouement. Avec de tels soldats, on peut tout entreprendre et tout mener à bonne fin. »

Brigade Herbillon.

(Première colonne.)

« La brigade Herbillon a été en position sur la place de l'Hôtel-de-ville, sans prendre part à aucun mouvement, jusqu'au 3, à quatre heures du soir.

« A ce moment, sur l'avis que des barricades s'élevaient dans les rues du Temple, Rambuteau, Beaubourg, etc., une colonne composée du 9e chasseurs à pied et d'une pièce d'artillerie, est partie sous le commandement du général Herbillon. Elle a parcouru la rue du Temple, jusqu'à la rue Rambuteau, et celle-ci jusqu'à la pointe Saint-Eustache.

« Une barricade, au coin de la rue Beaubourg a été démolie. De nombreux groupes, poussant des cris hostiles, encombraient la rue Saint-Martin ; ils ont été dispersés à coup de carabines.

« Vers la même heure, un bataillon du 6e léger dispersait, dans la rue du Temple, les matériaux de trois barricades commencées et non défendues.

« Des arrestations furent faites sur ces deux points.

« A huit heures du soir, un bataillon du 3ᵉ de ligne, et une section du génie, marchèrent, sous le commandement du colonel Chapuis, du 3ᵉ de ligne, sur de nouvelles barricades construites rue Beaubourg. Elles furent enlevées avec la plus grande vigueur. Plusieurs insurgés y furent tués. Arrivée en face de la voûte Aumaire, la colonne fut assaillie par un feu très-vif partant des fenêtres de la rue Jean-Robert. On riposta vigoureusement, et, après avoir fouillé plusieurs maisons, la colonne se rallia sur le carré Saint-Martin, d'où elle revint à l'Hôtel de ville, en suivant la rue Saint-Martin dans toute sa longueur, jusqu'au quai Pelletier.

« Cinq hommes du 3ᵉ de ligne furent blessés.

« Cette opération a été conduite avec une grande vigueur par le colonel Chapuis. La troupe a montré beaucoup d'élan. Le commandant Sudérie, du 3ᵉ de ligne, le capitaine du génie Balland, et le lieutenant de grenadiers François, méritent d'être signalés particulièrement, ainsi que le sergent Brillouet.

« Le mouvement du colonel Chapuis était appuyé par le commandant Boulatigny, du 6ᵉ léger, qui, avec son bataillon et une section du génie, pénétrait par la rue Michel-Lecomte, pour cerner les insurgés. Les fuyards, s'étant rejetés sur cette colonne, ont été arrêtés en grand nombre. Des armes furent saisies dans plusieurs maisons que l'on dut fouiller.

« *Le 4, à midi*, la brigade a repris sa position. A *deux heures*, le général Herbillon prit le commandement d'une colonne, composée de deux compagnies du 9ᵉ chasseurs, d'une pièce d'artillerie, d'une demi-section du génie, et de deux bataillons du 3ᵉ de ligne, et suivit la rue Rambuteau et la rue Saint-Martin. Sept barricades placées aux angles des rues latérales furent successivement attaquées à coups de canon et enlevées au pas de course.

« Dans cette opération, la colonne a eu un homme tué, le tambour major Toitot, du 3ᵉ de ligne, et onze militaires blessés.

« Chacun a fait preuve de zèle et de courage.

« *Le 5*, à dix heures, deux colonnes ont de

nouveau parcouru les rues du Temple, Saint-Denis et Saint-Martin. Cette dernière a été occupée militairement par le 3ᵉ de ligne. Dix compagnies ont été établies dans les maisons d'angles ; les sept autres, avec le colonel, sont restées en réserve au conservatoire des arts et métiers. »

(Deuxième colonne.)

« Le général Levasseur s'était particulièrement réservé le commandement de la seconde colonne de la brigade Herbillon. Cette colonne, composée de quatre compagnies du 9ᵉ chasseurs, d'un bataillon du 6ᵉ léger, d'un bataillon du 3ᵉ de ligne, d'une section du génie, et d'une pièce d'artillerie, devait suivre la rue du Temple et enlever toutes les barricades pour marcher jusqu'au boulevard.

« Six barricades, placées aux angles de la rue du Temple et des rues Rambuteau, de Braque, Michel-Lecomte, Pastourel, de la Corderie et Phélipaux, furent successivement enlevées au pas de course.

« En arrivant au boulevard, la colonne prit

la direction de la porte Saint-Martin, et pénétra ensuite dans la rue Saint-Martin, prenant à revers les barricades élevées au coin de la rue Neuve Saint-Martin, et au coin de la rue du Vertbois.

« Un feu nourri est dirigé sur nos troupes des maisons environnantes. Quelques tirailleurs s'élancent sur la barricade et s'en rendent immédiatement maîtres. Au moment même, le canon annonce l'arrivée de la brigade Herbillon. Les deux colonnes se réunissent à la porte Saint-Martin.

« Dans ces attaques successives, la troupe a montré beaucoup de vigueur et d'entrain.

« Le sergent Chantraine, du 9e chasseurs à pied, le sergent de carabiniers Dupré et le carabinier Gille ont été frappés mortellement.

« Dix hommes ont été blessés. Le caporal sapeur Soum, blessé très-grièvement et amputé, du 6e léger. »

Brigade Marulaz.

(Troisième colonne.)

« *Le* 3 décembre au matin, toutes les troupes de la 2e brigade se sont rendues sur la place de la Bastille, à l'exception d'un bataillon du 44ᵉ de ligne, laissé au quartier de Reuilly, pour le défendre.

« Le 3ᵉ bataillon du 19ᵉ léger a été mis en position au magasin à fourrages et sur le pont d'Austerlitz. Toutes les maisons de la place de la Bastille, placées avantageusement pour pouvoir tirer, ont été occupées.

« M. le chef de bataillon Pujol, du 19ᵉ léger, à neuf heures, reçoit l'ordre de se porter avec trois compagnies sur une barricade élevée au carrefour des rues du Faubourg Saint-Antoine, de Cotte et Sainte-Marguerite.

« Le général Marulaz appuie son mouvement, en se dirigeant au pas de course, avec un bataillon du 44ᵉ, sur cette barricade, par la rue de Charonne, de manière à déboucher par la rue de Cotte.

« Repoussé avec beaucoup de vigueur, le rassemblement, à la tête duquel se trouvaient trois représentants montagnards, revêtus de leurs écharpes, se retire, après avoir fait feu, nous blessant mortellement le fusillier Tiran, du 44ᵉ. La troupe riposte et tue le représentant Baudin.

« Pour tenir en respect la foule encombrant la rue du Faubourg Saint-Antoine, vers la Bastille, la rue Sainte-Marguerite, deux obusiers sont pointés dans ces directions. Cette démonstration suffit.

« Des tentatives de barricades faites au coin des rues Charonne et Saint-Bernard sont arrêtées par deux compagnies du 44e de ligne.

« A huit heures du soir, toutes les troupes de la 2e brigade reçoivent l'ordre de rentrer dans leurs quartiers, à l'exception d'un bataillon et de deux pièces d'artillerie, chargés de défendre la prison Mazas.

« Pendant toute la nuit, de nombreuses patrouilles, fortes de trois compagnies, sont faites dans diverses directions, pour s'assurer de l'état des choses.

Le 4, à deux heures de l'après-midi, la brigade se rend à l'Hôtel de ville.

« Là, sont formées deux colonnes, la première commandée par M. le colonel de la Motte Rouge, du 19e léger, composée d'une demi-section du génie, de deux pièces d'artillerie et de deux bataillons de son régiment.

« Cette colonne a pour instruction de gagner

la ligne des boulevards, en suivant la rue Saint-Martin dans tout son parcours, et balayant tout ce qui se trouvera sur son passage.

« L'autre colonne, sous le commandement du général Marulaz, remplit une mission analogue dans la rue Saint-Denis depuis le quai, jusqu'au boulevard. Cette colonne se compose du 44ᵉ de ligne et de deux pièces d'artillerie.

Le 44ᵉ a eu neuf hommes blessés, et trois contusionnés. Arrivés sur le boulevard, les troupes de la 2ᵉ brigade ont été échelonnées, à partir du faubourg du Temple, jusqu'à la Bastille, à droite et à gauche du boulevard; quatre bataillons en réserve sur la place de la Bastille, l'autre à la prison Mazas.

« *Le 5 courant*, à *neuf heures du matin*, les troupes étaient rendues sur la place de l'Hôtel-de-Ville; la brigade a suivi la rue Saint-Denis, les boulevards, pour venir se masser rue Meslay, à hauteur de la porte Saint-Martin. A *cinq heures du soir*, elle a reçu l'ordre de rentrer au quartier. Les deux bataillons, l'un du 19ᵉ, l'autre du 44ᵉ, qui ont occupé ce jour-là militairement la rue Saint-Denis, ne sont rentrés que *le 6, à cinq heures*, dans leurs casernes.

« Pendant tous ces mouvements, qui ont duré plus de soixante-quatre heures, tout le monde a fait son devoir. »

Brigade Courtigis.

(Quatrième colonne.)

« *Le 2*, pendant toute la journée, la 3ᵉ brigade, aux ordres du général de Courtigis, est restée consignée à Vincennes, sauf le 51ᵉ de ligne, appelé le matin aux Tuileries par ordre du général en chef.

« *Le 3*, le grand nombre de prisonniers amenés à Vincennes a forcé le général de Courtigis à modifier la composition de la garnison du fort. Il jugea à propos d'y laisser un bataillon, au lieu de deux compagnies, garnison fixée dans les circonstances prévues de prise d'armes.

« A *onze heures et demie*, la brigade, qui n'était plus composée que de deux bataillons du 31ᵉ et de trois bataillons du 43ᵉ, d'une batterie d'artillerie, d'une compagnie du génie, partit de Vincennes, pour prendre sa position de combat au carrefour Montreuil, dans le faubourg Saint-Antoine. La journée fut employée seulement à faire de fortes patrouilles dans toutes les rues du faubourg. A minuit et demi, la brigade rentrait dans ses quartiers.

« *Le 4*, au matin, la brigade reçut contre-ordre du mouvement général ordonné pour *dix* heures du matin.

« La compagnie du génie se rendit à l'Hôtel de ville, pour y être disponible, en cas de besoin.

« Le 1er bataillon du 43e escortant la 9e batterie du 7e d'artillerie, assignée au général Canrobert, se rendit sur les boulevards, à la porte Saint-Denis ; ce bataillon ne rentra pas.

« A *trois heures du soir*, sur un nouvel ordre, la brigade quitta Vincennes et marcha sur Paris, composée alors de deux bataillons du 31e, de deux bataillons du 43e, de son artillerie, et de la compagnie de dépôt du 9e bataillon de chasseurs.

« En arrivant sur la place du Trône, le général de Courtigis reçut l'avis que des barricades commençaient à s'élever dans le faubourg, dans la rue de Charonne, et sur la place de la Bastille, au débouché des rues de Charenton et de la Roquette. De toutes ces barricades, une seule, d'après les rapports, était achevée et susceptible d'être défendue ; c'était celle de la rue de Charonne.

« Le général de Courtigis dirigea alors le colonel Repond, avec le 2e bataillon du 31e, par la rue Saint-Bernard, pour déboucher rue de Charonne et y prendre la barricade à revers, tandis que lui-même, descendant rapidement le faubourg Saint-Antoine, où de faibles obstacles devaient être facilement renversés, attaquerait de front, entrant, par la place de la Bastille, dans la rue de Charonne.

« Ce mouvement fut exécuté avec précision, bien que la nuit fût venue. Après une décharge des insurgés et quelques coups de fusils tirés des fenêtres, la compagnie du 9e bataillon de chasseurs, suivie des voltigeurs du 3e bataillon du 31e, a abordé la barricade au pas de course et l'a enlevée sans hésitation. On a immédiatement brisé les portes des maisons voisines. L'obscurité complète a empêché que cette visite ait des résultats.

« Deux insurgés ont été trouvés sur la barricade, l'un tué, l'autre grièvement blessé.

« Pendant l'engagement, le capitaine Fèvre, aide de camp du général de Courtigis, a été atteint d'une balle qui l'a fortement contusionné.

« La 3ᵉ brigade n'a eu que ce seul engagement.

« *Le 4, au soir*, à neuf heures, elle reçut, du général de division, l'ordre de remonter dans le faubourg Saint-Antoine, au carrefour Montreuil, où la troupe passa la nuit. Chaque bataillon allant à son tour dormir quelques heures dans la caserne Reuilly, de fortes patrouilles assuraient la tranquillité du quartier. Les barricades et les boulevards extérieurs furent explorés, dès la pointe du jour, par des cavaliers du 7ᵉ d'artillerie.

« Pour cette même nuit, le 2ᵉ bataillon du 43ᵉ fut laissé, sur la place de la Bastille, à la disposition du général Marulaz. Ce bataillon fut employé plus tard à l'occupation de la rue

Rambuteau ; il ne rejoignit pas la brigade Courtigis.

Le 5, la brigade Courtigis continua d'occuper le faubourg Saint-Antoine, fit rouvrir les boutiques, favorisa la circulation. Le quartier fut parfaitement tranquille.

« *A six heures et demie*, les troupes étaient rentrées dans leurs casernes.

« Toutes les troupes de la brigade, animées du meilleur esprit, et pleines d'entrain, ont observé la plus exacte discipline. »

51e *de ligne.*

« Le 51e de ligne, de la brigade Courtigis, a été, dès le début, appelé aux Tuileries.

« Le 3 *décembre*, il a été chargé de veiller à la sûreté de la prison Mazas, d'où il est revenu, vers dix heures du soir, en passant par l'Hôtel de ville, pour se rendre aux Tuileries.

« Le 4 *décembre*, à deux heures, le colonel de Lourmel occupait la pointe Saint-Eustache, avec ses trois bataillons, renforcés d'un bataillon du 43e. Peu après, M. le général Dulac le rejoignit sur les lieux, avec un bataillon du

19ᵉ de ligne et une demi-batterie d'artillerie, et ordonna l'attaque des barricades de la rue Rambuteau.

« Les deux premières furent enlevées en un clin d'œil ; la troisième opposa une vive résistance. Les maisons furent enfoncées, et l'on allait cheminer par l'intérieur, quand le bruit du canon avertit de l'approche d'une colonne qui prenait les barricades à revers. C'était la brigade Herbillon. Les deux colonnes se sont rencontrées à hauteur de la rue Saint-Denis, après avoir renversé toutes les barricades qui les séparaient.

« Dans cette première attaque, M. Dumas, sous-lieutenant de grenadiers, a eu les deux jambes traversées d'une balle, à la tête de la section. Il a été amputé. Le sergent Tremblay, six grenadiers du 51ᵉ et deux hommes du 43ᵉ, ont été blessés, presque tous grièvement.

« On était maître alors de toute la rue Rambuteau, avec des postes avancés dans les rues Montorgueil, Saint-Denis et Saint-Martin.

« A *quatre heures et demie*, le général Dulac laisse au colonel de Lourmel le commandement de la pointe Saint-Eustache.

« *A sept heures*, des barricades étaient commencées dans la rue des Poulies, la rue Saint-Honoré et plusieurs petites rues aboutissantes.

« Une vigoureuse démonstration dissipa les attroupements et rétablit la circulation.

« A la *même heure*, les réverbères avaient été éteints dans les rues Montmartre et Montorgueil. Les insurgés, refoulés par les autres colonnes, se réunirent dans la rue Montorgueil et aux environs, et commencèrent cinq barricades à environ 300 mètres de nos avant-postes.

« Vers *huit heures*, à la suite d'une reconnaissance dans cette direction, le colonel de Lourmel, bien qu'appréciant les difficultés d'une attaque de nuit, se décida à faire attaquer de suite par le deuxième bataillon de son régiment. A cent pas environ de la première barricade, les insurgés crièrent : *Qui vive! Vive la République! Vivent les combattants!* et firent une décharge très-nourrie sur la tête de la colonne. Les quatre premières barricades sont enlevées au pas de course et avec le plus grand élan par les grenadiers et les voltigeurs. Deux hommes furent légèrement blessés. Il restait une cinquième barricade. Malgré son éloignement, la profonde obscurité, et l'incertitude des positions occupées par les autres troupes, la colonne de Lourmel ne crut pas devoir laisser l'insurrection profiter de la nuit pour établir son foyer dans ces quartiers. Quinze grenadiers, aux ordres du sergent Pitrois, s'élancent les premiers, bientôt suivis par les grenadiers et voltigeurs, au signal d'*En avant* donné par le commandant Jannin, par l'adjudant-major Bernard, et répété par tous avec enthousiasme. La barricade est enlevée. Une vingtaine de cadavres jonchent la barricade ; quatre-vingts prisonniers sont, les uns passés par les armes, les autres envoyés à la préfecture de police. On ramasse une centaine de fusils.

« Sur les quinze grenadiers d'avant-garde, six furent blessés. Leur chef, le sergent Pitrois, vieux soldat d'Afrique, les a lancés avec la plus grande énergie.

« Le grenadier Frugier, déjà blessé l'an dernier en Kabylie, a reçu une nouvelle blessure en sautant un des premiers dans la barricade.

« Depuis ce moment, le colonel de Lourmel a continué à occuper la rue Rambuteau, depuis la pointe Saint-Eustache, en se tenant en communication avec l'Hôtel de ville. Il est rentré dans ses quartiers dans la journée du 6. »

TABLE DES MATIÈRES

LIVRE PREMIER

Avant le 2 décembre.

Pourquoi la France porta son choix sur le prince Louis-Napoléon Bonaparte pour l'élever à la présidence. — Jeu de ce dernier. — M. Thiers. — Le prince Jérôme ex-roi de Westphalie. — Le prince Napoléon son fils. — Jugement porté dans le monde à cette époque sur le président. — Les divers partis politiques. — Anecdotes indiquant les vues du prince Louis. — Prévisions d'un coup d'État. - Maison militaire du président. — Le général Roguet. — MM. Fleury, de Toulongeon et de Meneval. — Recherche par Fleury de l'homme nécessaire au coup d'État. — Les généraux Bosquet et de Saint-Arnaud. — Fleury à Constantine. — Finesse de Saint-Arnaud. — Difficultés à vaincre pour amener ce dernier au ministère de la guerre, sans donner l'éveil. — Moyens employés. — Campagne de la petite Kabylie. — Le général Magnan. — Le colonel Espinasse agent secondaire. —Discours de Saint-Arnaud au punch qui lui est donné avant son départ de Constantine. — Les généraux commandant les trois divisions de l'armée de Paris. — Carrelet. — Guillabert. — Levasseur. — Saint-Arnaud remplace Guillabert. — La question maladroite des questeurs. — Son effet sur l'esprit de l'armée. — Composition de cette armée à Paris. — Un mot sur les généraux qui commandent les troupes. — Anecdotes. — MM. de Morny et de Maupas. Les sociétés secrètes. — Lettre du général Magnan pour faire disparaître des casernes la consigne relative aux questeurs. — Lettre du général de Cotte. — Zèle intempestif de cet officier. — Saint-Arnaud et Espinasse deux jours avant le coup d'État. — Reconnaissance du Palais-Bourbon par le colonel. — La garde nationale, le marquis de Lawœstine, le colonel Vieyra. — Anecdotes.

LIVRE II

Journée du 2 décembre 1851.

Lettre du général de Saint-Arnaud à Magnan. — Dispositions prises par le général en chef. — Espinasse et les agents de police. — Le prince Jérôme, le prince Louis, le prince Napoléon. — Rappel d'Espagne de ce dernier. — Lettre du ministre Léon Faucher au prince Jérôme. — Opposition du prince Napoléon. — Le sabre de Sobiesky. — Le fils de Jérôme est obligé de quitter les Invalides. — Brouille entre l'oncle et le neveu. — Conduite du prince Napoléon le 2 décembre au matin. — Conduite du prince Jérôme. — La revue du président. — Anecdotes. — Les représentants montés au Palais-Bourbon. — Lettre du comte de Morny à Magnan. — La réunion au dixième arrondissement. — Le général Sauboul ; sa lettre à Magnan. — Lettre de ce dernier à Saint-Arnaud. — Réponse du ministre de la guerre. — Le général Oudinot. — Anecdotes. — Rapport du général Renault. — Tentative de réunion sur d'autres points. — Lettre du général Sauboul. — Démonstration faite à quatre heures du soir par la division de cavalerie de réserve du général Korte. — Le général d'Allonville. — Anecdote. — Le roi Jérôme et son fils aux Invalides. — Anecdotes. — Le colonel Damas et le prince Napoléon. — Rapport de M. Maupas. — Le 44e de ligne. — Le colonel Margadel du 14e de ligne remplacé par son lieutenant-colonel de Négrier. — Ordre double du général en chef. — Anecdotes relatives à la journée du 2 décembre 1851. — Les princes Pierre, Lucien et Antoine Bonaparte. 53

LIVRE III

Journée du 3 décembre 1851.

Lettre de Saint-Arnand à Magnan. — Ce dernier, investi du commandement supérieur de la 1re division territoriale. — Rapports du préfet de police. — Les mesures prises par l'autorité militaire faussement interprétées par les sociétés secrètes, aussi bien que par M. de Maupas. — Dépêches de ce dernier. — On n'en tient nul compte. — Rapport du colonel de Lourmel. — Dispositions prescrites aux généraux Sauboul et Marulaz. — Nouveau rapport du préfet de police. — Affiche présentant les résolutions adoptées au dixième arrondissement. — Barricade au carrefour Saint-Antoine. — Le général Marulaz la fait enlever. — Le représentant Baudin y est tué. — Rapport du général Levasseur. — Dépêches du préfet de police. — Effet qu'elles produisent sur Saint-Arnaud, Magnan et de Morny. — Le prince Jérôme. — Son embarras. — Le prince Napoléon. — M. Boulay de la Meurthe. — Anecdotes. — Lettre curieuse de Magnan à Saint-Arnaud. — Notes dictées par Magnan ou écrites par lui relativement aux ordres à donner pour les dispositions du lendemain. — Le 3ᵉ léger et le général Stanislas Cavaignac. — Les deux Cavaignac. — Le vieux Cavaignac. — Lettre de Saint-Arnaud. — Plan habile du général en chef. — Erreur des chefs des société secrètes. — Dépêche du préfet de police. — Lettre du colonel Beauval. — Les représentants arrêtés le 2 et le 3 décembre. — Ce qu'ils devinrent. — La prison de Ham préparée dès le 17 novembre. — Lettre du capitaine Broyelle à Saint-Arnaud. — Convoi des principaux personnages. — Ils sont mis en liberté les 8 et 9 janvier 1852. — La garnison du fort (48ᵉ de ligne). — Le capitaine Baudot. — Lettres du général Courtigis, commandant à Vincennes. — Spirituelle réponse de Saint-Arnaud.   113

LIVRE IV

Journée du 4 décembre 1851.

Dépêche du préfet de police. — Proclamation du général de Saint-Arnaud. — Imprimerie nationale. — Lettre du directeur M. de Saint-Georges à Magnan. — La garde nationale. — Lettre du général de Lawœstine à Morny. — Lettre de Magnan à Saint-Arnaud. — Extrait du rapport de Magnan à Saint-Arnaud sur la lutte du 4 décembre. — Ce qui se passait aux Invalides. — Conduite du prince Napoléon. Ses paroles. — Anecdotes. — Rapports envoyés à Magnan. — Lettre de ce dernier à Saint-Arnaud. — Le prince de Canino. — Le triumvirat. — Jérôme envoie un de ses aides de camp à l'Élysée. — Affaire du 51ᵉ de ligne à la pointe Saint-Eustache. — Rapport du colonel de Lourmel. — Lettre du roi Jérôme au prince président. — Mission de son officier de service. — Anecdotes. — Portrait tracé d'un coup de plume du prince Napoléon.—Rôle des Bonaparte (Jérôme). 177

LIVRE V

Après le coup d'État.

Nuit du 4 au 5 décembre 1851. — Rapport du préfet de police. — Démonstration faite par l'armée de Paris. — Les ateliers Derosne et Caille. — Les environs de Paris. — Saint-Arnaud à Maupas. — La garde républicaine, le colonel Gastu, le général Dulac et Magnan. — Lettre de M. de Saint-Georges. — Ordres du jour du 6 décembre. — Blâme encouru par deux généraux de brigade de l'armée de Paris, Marulas et de Courtigis. — Récompenses. — Le général Canrobert. — Pertes de l'armée. — Anecdotes sur ce qui se passa entre le prince Jérôme, le prince Napoléon et le prince Louis Bonaparte. — Lettres de l'ex-roi de Westphalie à son neveu. 227

LIVRE VI

Rapport des généraux commandant les divisions.

Premier rapport du général Carrelet (1ʳᵉ division).— Deuxième rapport du général Carrelet. — Premier rapport du général Renault (2ᵉ division). — Troisième rapport du général Carrelet. — Deuxième rapport du général Renault. — Rapport unique du général Levasseur (3ᵉ division). — Rapport du colonel de Lourmel (51ᵉ de ligne). 265

PARIS. — IMP. ADRIEN LE CLERE, RUE CASSETTE, 29.

www.ingramcontent.com/pod-product-compliance
Lightning Source LLC
Chambersburg PA
CBHW071519160426
43196CB00010B/1581